タマダ

中央ユーラシアの宴を司る芸能者

八木風輝

ブックレット《アジアを学ぼう》58

風響社

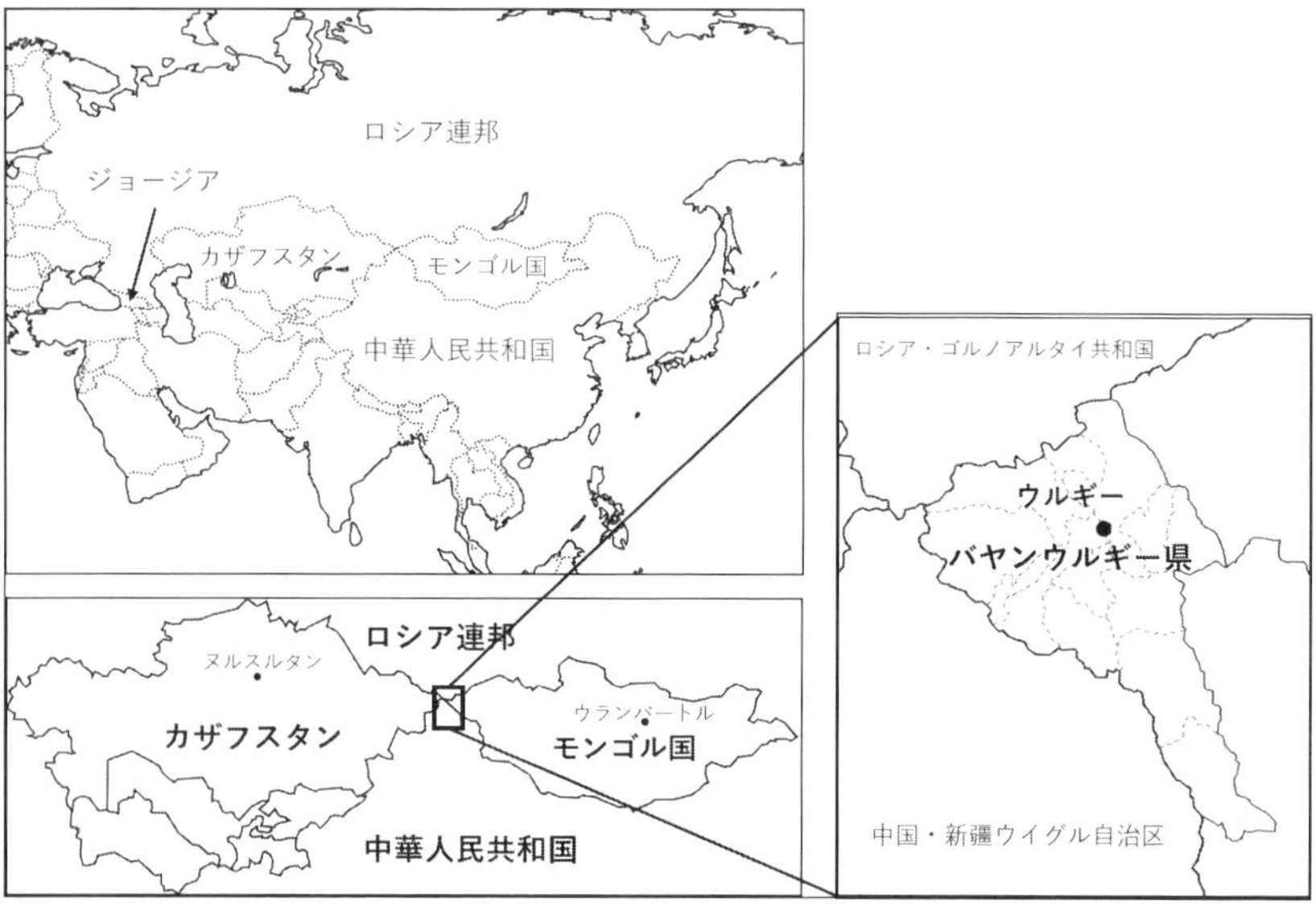

地図1　中央ユーラシア全図とモンゴル国・バヤンウルギー県

タマダ——中央ユーラシアの宴を司る芸能者

八木風輝

はじめに

「こんばんは！　尊敬する参加者の皆様！　新しく夫婦となる若き二人の披露宴へようこそ！」

真っ赤なシャツとズボンに身を包み、白のジャケットを羽織った男性が、披露宴の始まりを高らかに宣言した。興奮した面持ちで舞台から参加者を見つめている彼は、「タマダ」と呼ばれる司会者である。三〇〇人以上の人が集まった披露宴会場は熱気に包まれ、人々のしゃべり声は、マイクで語りかけるタマダの声をかき消すほど賑わっている。タマダは、そんな彼らにかまわず、主役の新郎・新婦を紹介し、その親族らに祝辞を述べさせる。祝辞の合間には、タマダ自身がカラオケ音源を操作しながらその伴奏で曲を歌い、会場を盛りあげる。タマダが主導する四時間ほどの披露宴は、新郎・新婦というより、タマダが主役のように思えてくる。

中央ユーラシア[1]にあるカザフスタンとその隣国モンゴル国をフィールドにカザフ人の音楽演奏を調査していた筆者は、調査を終えた夕方から夜の時間帯に披露宴に招待されることがよくあった。その度に、同行者の口から、「〝カザフの宴は終わらない〟だろ？」と言われた。これは、宴が深夜まで盛大に祝われることや、宴が開催されるとその宴で新しいカップルができ、彼らの宴が続けざまに開催されることを示した言葉である。現地の人々は、人生の門出や年中行事で祝う宴を「トイ（toi/K）」と表現し、中でも結婚式とその披露宴はトイの中心的位置を占める〔坂井 二〇一〇：一九一―一九二〕。トイに対するカザフ人の情景は、歌の中にも頻繁に登場する。それが「カザフのダスタルハーン」という曲である（QR―1）。

今日まで人々の間で、伝統を受け継いできた。
平和の印であろうか？〔宴の場で〕並んであぐらをかいて座る姿は。
〔サビ〕あぁ、我が高峰、カザフのダスタルハーンよ。
おまえ自身の幸福が清く湧き上がる私の泉。

QR-1

この歌詞によると、「ダスタルハーン」はトイで食事を並べる際に敷く布のことであり、それを大勢の人で囲んで座る宴の幸せな状況が情熱的に歌われている。カザフ人は伝統的に床に布を敷き、この上に揚げパンや色とりどりのキャンディーやチョコレートをぎっしりと敷き詰める（写真1）。そして、中央には茹でた肉を載せた大皿を置く。布の周囲に参加者はあぐらをかいて座り、料理を共に食べる。現代のスタイルではテーブルに布を敷き、イスに座るようになった。しかし、宴の喜びを参加者に分け与える場であるという考えは現代でも全く変わらない。宴では、食べきれないほどの豪華な料理が並び、新郎・新婦の着る華美な民族衣装や、大音量で流れる民族音楽調の曲が、新郎・新婦の一世一代のハレ舞台を派手に彩っている。

そんなハレ舞台の進行を行う披露宴の司会職が、近年、中央ユーラシアの各地でトレンドになっている。日本では、一九七〇年代に披露宴の司会者が誕生したものの、年々司会者の位置づけは低くなっていき、報酬も減少しているようだ［廣澤　二〇一九：三―四］。最近の日本では、家族や親友といった身近な人たちだけで結婚の喜びを共有するために、小規模な結婚式や披露宴も普及している。司会者の活躍の場面は、こうした理由で少なくなってきているのではないだろうか。

一方、中央ユーラシアにおける披露宴の司会者「タマダ」は花形である。披露宴の成功はタマダで決まると言われるほどの圧倒的な影響力を持つ。その実力によっては一回の披露宴で車を購入できるほどの高額な報酬を得る人気タマダもいる。新郎側の主催者からしても、誰をタマダとして呼ぶかは、一家の名声や評判に関わるのだ。そのため、皆が知っている人気のタマダには予約が殺到する。各地で開催される披露宴においてタマダは非常に重要な人物なのだ。

写真１　ダスタルハーン（布）に置かれた料理

しかし、これから述べる中央ユーラシアのタマダの活動の実態は、未だに謎に包まれている。これは、披露宴の主役は新郎・新婦であり、司会者タマダは披露宴の脇役であるという、常識的な思い込みのせいかもしれない。多くの研究者は、旧ソ連地域で現地語のタマダをＭＣ（司会者／進行係）やモデレーター（司会者）と訳し、宴で活動する一職業としてごく簡単に記述してきた。では、タマダという職業を「披露宴で司会進行の役割を担う脇役」と表現していいかというと、全く違う。音楽を調査する筆者が調査地でタマダたちと交流を深める中で、彼らには独自の美学があり、その芸能活動は結婚という人生のビッグイベントを彩るのはもちろんのこと、現在進行形で宴の新しいスタイルを更新し続ける「主役」であることが分かってきた。

この知られざるタマダの世界に触れた記録が本書である。本書は、中央ユーラシアの中でもモンゴル国の少数民族カザフ人の披露宴で活躍する「タマダ」を取り上げ、彼らがどのように誕生し、活動を行っているのかを現地社会の歴史的および文化的側面から明らかにする。(2) その上で、中央ユーラシア各地のタマダの活動に関して考察を深めていきたい。

本書における現地語のローマ字アルファベットへの転写は、次の通りである。カザフ語とモンゴル語は、それぞれの言語が用いられている国の政府が定めた転写法を用いた。モンゴル語は、二〇一二年にモンゴル国教育科学省が定めた転写法（https://www.estandard.gov.mn/standard/reader/4635）を用いた。カザフ語は、二〇二一年四月に政府が決定した転写法（https://legalacts.egov.kz/npa/view?id=8243312）を用いた。ロシア語とグルジア語は、『中央ユーラシアを知る事典』の転写表記を用いた。現地語の区分は、カザフ語に /K、モンゴル語に /M、ジョージア語に /G、ロシア語に /R を付けて示した。また、本文で出てくる訳の注釈は、〔 〕内に示すこととする。

一　中央ユーラシアの宴に君臨する司会者「タマダ」

1　タマダ＝司会者？

「タマダ（*t'amada*/G）」という単語は、中央ユーラシア各地で披露宴を含む宴の司会者のことを指す。日本人には苗字と誤解を受けそうなこの単語は、コーカサス地域のジョージア国で用いられるグルジア語である〔伊賀上二〇一三：三〇九〕。ジョージア国、かつてグルジアと呼ばれたこの国は、トルコの北東部に位置し、黒海に面する小さな国である。日本人にとっては、ワイン発祥の地や生産地としても有名である。

ジョージア人は、スプラ（*sup'ra*/G）と呼ばれる宴を頻繁に開催し、ワインを飲みながら料理を食べる習慣がある。タマダは、その宴で参加者の団結を高め人々を盛り上げる役割を持つ。そんなタマダに対し人々は尊敬の念を持っている。ジョージア人のタマダに対する思いが窺える例として、ジョージア国の首都トリビシ中心部の広場には、ワイングラスを持つタマダの姿をかたどった銅像がみられる（写真２）。

「タマダ」の語が使われる範囲は、ジョージアに加え、中央ユーラシアの広大な地域に及ぶ。その背景には、中央ユーラシアがロシア帝国とソヴィエト社会主義共和国連邦（ソ連）の統治下にあった歴史が関係している。ジョージアを含むコーカサス地域は、一九世紀にロシア帝国に併合され、一九一七年以降、ロシア革命によってロシア帝国が崩壊すると、ソ連がその領土を継承し統治した。一九九一年にソ連が崩壊すると、中央ユーラシアで独立した各国は共産主義の経済を放棄し、市場経済を導入した。タマダという単語は、社会主義期にソ連の全土――ロシア西部、シベリア、中央アジアなど――に拡散し、一九九一年以降に各地で披露宴の司会者の総称として定着したと考えられる。しかし、タマダの名称の伝播と定着の時期は詳細な記録として残ってはいない。

このように具体的な活動範囲やその実態に不明な点の多いタマダを、一言で定義するのはとても難しい。なぜなら、彼らの活動形態や司会の内容も各地で異なるからである。彼らを司会者と言い切るのは簡単だ。しかし、筆者の見てきた限り、タマダは音楽も演奏するし、トークで笑わせ盛り上げる。そのため単純に司会者と表現するにはどうも疑問が残る。

写真２　ジョージアの首都にあるタマダの銅像（2006 年、Kober 撮影）

そこでタマダに新しい定義を与えることに思い至った。しかし新しい定義を打ち立てたいのであれば、これまで出版されてきた論文を引用し、論文で語られてきた知見の積み重ねの上で慎重に考えないといけない。研究者に必須の論文検索ツール Google Scholar のトップページには「巨人の肩の上に立つ」という、万有引力を発見したニュートンの言葉が書かれている。これは、新しい発見は先人たちによる発見の積み重ねの上になされるものであるという意味だ。つまり、タマダの新しい定義を作るためには、タマダに関する研究の歴史を示さなければならない。

問題は、タマダの活動はこの二、三〇年で活発になってきたため、タマダを中心に据えた研究自体は決して多くないことだった。先の Google Scholar で tamada と検索してみると、日本人のタマダさんの論文が検索結果に上がってくる。引用数五〇〇〇を超えるタマダさんの論文はガン腫瘍に関する医学の論文であり、ある分野での日本人研究者の海外での影響力の高さに驚く。しかし、肝心の司会者タマダに関する研究は、いくら画面のスクロールを続けても発見できず、間接的な研究からタマダの情報を探さざるを得なかった。例えば、現地の結婚式や披露宴の変化に関する研究や、家族や親族のつながりの維持に関する研究、また現地の文化や芸術に関する論文や著書からタマダの記述を探し、そして、文献と筆者の経験を踏まえ、(3) タマダを次のように定義した。

「市場経済導入後の中央ユーラシアの宴（主に披露宴）で、司会進行に加え話芸と音楽演奏で参加者を盛り上げる役割の職業及び人物」

彼らには次の三つの特徴があることを、先行研究と筆者の経験から考案したい。特徴の一点目は、旧ソ連の主に都市部でエスニック集団の文化を取り込みながら活動している点である。広範囲で個別に活動するタマダは一様ではなく、各地域の披露宴の伝統やスタイルになじみながら、各地で独自のタマダ文化を生み出しているのである。こうした背景には、結婚儀礼（結婚式と披露宴を合わせたもの）に関するソ連の政策がある。この政策では、一九六〇年代から政府の考案した儀礼の内容に民族文化の要素を組み込むことが進められた［渡邊 二〇一〇：

一三六]。そうして歴史的に確立した披露宴でタマダは誕生し活動する(4)。

二点目は、一九九〇年代以降のタマダは、ウェディング・ビジネスの成立と強く関連している点である。ソ連の崩壊以後、各地の披露宴の主催者は、派手な装飾をした宴会場に大勢の客を招き、高価な贈り物を交換しあう披露宴を競って開催してきた(写真3)。この派手婚には、メリットとデメリットがある。メリットは、主催者にはお金と威厳があることを周囲にアピールし、それによって人々のつながりを新しく生み出したり維持したりすることである。一方でデメリットはというと、派手に披露宴を開催したことで経済的に立ち行かなくなり、破産することである。こうした派手な披露宴の開催は金銭を介したビジネスとして一九九〇年代から活発化した。タマダは、こうしたビジネスの中で、主催者と参加者とは異なる第三者的なポジションから宴に参加する。

写真3　カザフスタンの披露宴会場と参加者

三点目は、タマダは、披露宴の司会進行と音楽演奏を架橋して活動する存在である点である。本書で中心に据えるテーマであるが、過去の研究でも音楽演奏が得意であることはタマダに必須の資質として捉えられている。そうした報告の一つに、キャロライン・ハンフリーの論文がある。彼女はロシア東部ブリヤート共和国におけるブリヤート人の現代の結婚儀礼に関する論文を執筆しているが、その中で披露宴の第三者的立場として様々な民族的出自を持つ人であったり、プロの演奏者や俳優がタマダとなっているという。そして彼らはロシア国内外の音楽演奏とジョークを巧みに使う話芸で儀礼における役割を遂行しているようだ[Humphry 2015: 161]。こうした点から、タマダには、各地の結婚式における音楽の重要性を理解し、適切な音楽を適切なタイミングで演奏し、人々を魅了することが求められることがわかる。

2　アサバラックは真の芸術

現地のタマダの理解を深めるために、より具体的な国のタマダの事例からみていこう。中央アジアのカザフスタンではタマダが精力的に活動しており、人々の関心の的となっている。この国では、社会主義体制が崩壊した一九九〇年代初期に、タマダを目指す人に向けた参考書が出版されている。先に述べたように、タマダは学術的な情報がとても少ないため、タマダを研究したい人には手元に欲しい本である。ところが、この本は既に絶版していて、後にカザフ人の文学研究者から聞くところによると、カザフスタンの国立図書館ですら所蔵していないという。

しかしなんと、その幻の貴重な本が思ってもみない人物から筆者のもとに渡るという奇跡が、知らないうちに起こっていたのだ。

まだタマダに興味がなかった二〇一七年夏、カザフスタン北部の村を訪れた筆者は、モンゴル国出身のカザフ人演奏者の家に滞在していた。モンゴル国からカザフスタンに渡ったカザフ人がどのように音楽とかかわり、生活をしているのかを調査するためである。当時二〇代後半の演奏者の青年は、数年前にカザフスタンに移住し、その村で演奏活動と音楽教師を兼業していた。とっておきの羊肉の夕食をごちそうになり、皆でドンブラ演奏をしていると、彼から「お前との友情を記念して本をあげよう、大切にしてくれよ」と一冊の本を手渡された。その本が、絶版していたタマダの参考書だったのである。彼によると、カザフスタン南部の大学でカザフの伝統音楽を学んだ際、この本を古本屋で買い、本の内容を参考にタマダとして舞台に立っていたという。

彼から手に入れた本の赤い表紙には、不思議な文様と大きくТОЙ（カザフ語でトイと読む：宴の意）の文字が書かれていた（写真4）。また、一九九三年出版ということもあって、紙が日焼けして茶色に変色している。大学受験で使った英和辞典のような分厚さで、約七〇〇ページあった。中をパラパラめくると、カザフスタンで一九九〇年初期に行われていた宴の種類ごとに、民謡やポピュラー音楽の歌詞と詩、宴でのレクリエーション、タマダの詳細な活動と彼らが知っておくべき親族名称などが掲載されている（巻末の付録を参照）。

時を経てタマダに対する興味、関心が高まってきた頃、改めて本棚に立ててあったこの本を手に取り読み返した。すると、タマダの活動が想像以上に奥深いことを思い知らされたのだ。まず、著者による「はじめに」では、「トイが成功もしくは失敗に終わるかは、そもそもアサバにかかっている」という言葉が書かれている［Älimbaev 1993: 6］。アサバとは、カザフ語の“*as*（料理）”と“*aba*（兄）”という言葉の合成語で、カザフ人の中で伝統的な宴の司会者のことをいう。タマダという語が普及する前は、アサバが用いられていた。しかし、現在ではタマダという呼び方が主流で、アサバは司会者の伝統的な側面を強調するときに用いられる。

本の後半部では、「あなたがアサバになりたいならば……」という章が設けられている。ここでは、「人生で数えきれないほどのトイが行われるが、その中でも披露宴が群を抜いている（重要である）」ことが述べられ、「トイの主催者はこの喜びの祝いを誰に指揮させようかと疑問に感じるだろう。ほら、考えてみなさい！　私たちのトイを誰に任せてきたのかを」［Toqashbaev 1993: 608］と読者の関心を引き寄せる。

写真4　タマダの参考書

タマダの属性や役割が更に言及される。タマダのような司会者役は、世界中に存在し、彼らの活動する地域の文化や言葉をよく知る者だという。そして、タマダをタマダたらしめている美学として「アサバラック（*asabalyq*/K）」というものがあり、これは様々な芸能の要素が合わさった「真の芸術」なのだという。

本文では、その具体例を示しながら次のように書いている。

「これ〔アサバラック〕は、歴史家、民族誌学者、文学者、素晴らしい言葉を紡ぐ熟練者、歌手、コメディアン、俳優、教育者が合わさったものである」［Toqashbaev 1993: 609］

アサバラックとは、伝統的な司会者の呼称 *asaba* に「〜と関係する」を意味する接尾辞 *"lyq"* をつけた形容詞である。これが単独で使われる場合、名詞としての意味を持つ。つまり、「アサバと関係する」種々の芸能が、タマダとして欠かせない能力を指すことを表現しているのである。

それに続いてタマダが担うべき「トイのシナリオ」、「トイの開催」、「トイの準備」が書かれている。そして、その最後に「言葉の芸術は頼りになる馬である」というタマダの言葉遣いについて紙面が割かれている。ここでは、話術というよりは、人々に心地良いアクセントやイントネーションで言葉を聞いてもらえるか、マイクを使って人に呼びかけるときの注意点が記述される。

この本では、アサバもしくはタマダが言葉や音楽を活用する宴の中心的存在と明確に位置付けられている。参考書を編んだ研究者たちは一九九〇年代からタマダに相当する人が宴の芸能に重要な役であることを示していた。また、カザフ人タマダを司会進行のみを行う司会者と単純に言い切ることは難しく、音楽や話芸を用いる芸能活動こそが本質のように感じられてくる。それは、タマダが持つべき芸能知識が多岐にわたり、その素質がトイの成功には欠かせないものであるからである。さて、タマダに関する研究やカザフスタンのタマダの参考書を通じて、中央ユーラシアに広く存在する司会職「タマダ」がどのような職業であるかわかってきただろうか。次の節からは、モンゴル国のカザフ人タマダを事例に、彼らの具体的な誕生と活動の過程を明らかにしていきたい。

二　モンゴル国でカザフ人の音楽世界をフィールドワークする

1　モンゴル国に住むカザフ人

モンゴルは訪れる人の望む見方によって印象が大きく異なる国である。例えば、モンゴルといえば、人のいない大草原を思い浮かべる人がいる。確かに、モンゴル国は日本の約四倍の国土面積を持ちながら、三三〇万人、日本の人口のわずか二パーセントの人口しかいない。人口密度は、一平方キロメートル当たり二人である(日本は三三四人)。一方で、実際に首都ウランバートルに滞在していた人からすると、大気汚染と交通渋滞が印象的かもしれない。霧に包まれたかつてのロンドンのように、ストーブの噴煙や車の排ガスによって町中が白く覆われる。また日本でモンゴルの音楽と聞いて思い浮かべるのは、スーホの白い馬の物語と馬の頭の付いた弦楽器「馬頭琴」であろう。

筆者が調査の中で見出したモンゴルは、「多民族国家」という面だった。モンゴル国には、国家人口の八割を占めるハルハ人を筆頭に、二一のエスニックグループが国内に居住しているのである。モンゴル国の東部、西部、北部の各地域には、少数のエスニックグループが集住しており、集団ごとに独自の文化や言語を保持している。

多様なエスニックグループの中で、カザフ人と呼ばれる民族はモンゴル国内で少し変わった立ち位置の人たちである。カザフ人は、カザフスタンを中心に周辺のモンゴル国、中国・新疆ウイグル自治区、ウズベキスタン、ロシア連邦などに国境を跨って居住している。現在では、モンゴル国全体に約一〇万人が居住し、国内人口の約四%を占める。これでもハルハ人に次ぐ第二位の民族人口である。彼らはイスラームを信仰し、カザフ語を母語としている。

彼らは国境という概念のない時代から、陸続きのユーラシア大陸の中央部でヒツジやヤギといった家畜を放牧させながら生きてきた。そして、家畜の食べる牧草を求めて、各地を転々と移動する中で、国境線が引かれ分断され

地図2　モンゴル国バヤンウルギー県の位置

てしまった人たちである［スルタン・ゾルカフィリ　二〇一三：八四］。一七世紀までカザフ草原の南東部で生活していたカザフ人が、一八世紀に中国・新疆の地域を通過し、更に一九世紀中ごろに現在のモンゴル国の地域に来て定着した。

二〇世紀に入り辛亥革命で清朝が崩壊すると、一九一一年にボグドハーン政権が外モンゴル（現在のモンゴル国）の領土に建国、さらに一九二四年にソ連の衛星国・モンゴル人民共和国が建国された。モンゴルの領土にいたカザフ人達は、建国した各国の帰属下に入った。そして、ソ連が崩壊するまで、モンゴル人民共和国の一集団として存在していた。社会主義期にモンゴル政府は、カザフ人の実質的な自治県であるバヤンウルギー県を国内の最西部に設立した。カザフ人はバヤンウルギー県で彼らの文化の継承が保証されてきた［Taukeiūly and Mälimetūly 2010: 34-36］。社会主義体制が崩壊した一九九一年から、モンゴル国のカザフ人は、当時の人口の四分の一が新しく独立したカザフスタンへと移住することとなった［Qinayatūly 2001: 294］。それは、当時のカザフスタン大統領ヌルスルタン・ナザルバエフが、カザフスタン外（ウズベキスタン、モンゴル国、中国・新疆など）に住むカザフ人の帰還を呼びかけたからである。しかし、移住したモンゴル国のカザフ人の多くがロシア語を中心に話されるカザフスタンの生活になじめず、モンゴル国に戻ることとなった［Atwood 2004: 295］。現在のモンゴル国のカザフ人は、一般的に親戚を訪ねることや、大学への就学のためにカザフスタンへ行き来する。

モンゴル国にいるカザフ人の大半は、モンゴル最西部のバヤンウルギー県に住んでいる。「豊かなゆりかご」という意味を持つこの県は、首都ウランバートルから約一七〇〇キロメートル西に位置し、中国の新疆ウイグル自治区とロシア連邦のアルタイ共和国に国境を接している［Atwood 2004: 39］。県都ウルギーを中心に一三の郡から構成されている（地図2）。二〇二〇年時点の県人口は、一〇万五八五三人で［BÖASKh 2021: 16］、そのうちの九割をカザフ人が占める。

首都ウランバートルからバヤンウルギー県へは、飛行機か都市間バスで移動する。飛行機の場合三時間かかり、ロシア製の長距離バスだとおよそ四八時間かかる。飛行機で移動するとひと眠りする間にバヤンウルギー県の県都ウルギーに到着する（写真5）。一方、バスで移動すると、ひたすら草原を横切る風景を眺めることになり、ノスタルジックな気持ちを味わえる。

バスの車窓からウルギーの町が見えると、まるで中東の一都市に来たような印象を受ける。この町は、ブケン山に囲まれた盆地にあり、町の西から東にかけてホブド川が蛇行しながら流れている。川のほとりに町の中心部があり、周辺域に泥のレンガで造られた住宅が広がっている。町には、各所にイスラームのモスクがあり、時間になるとイスラームの礼拝の声が大音量で流れる。また、オフロードの公道はヤギやヒツジが闊歩し、各家庭の庭先に家畜を寝させる床があるといった、モンゴルの地方都市らしさを感じさせる場所でもあった。

写真5　ウルギーの全景

2　カザフ人の音楽世界

（1）伝統の消えた披露宴

モンゴル国に住むカザフ人は、カザフスタンよりも彼らの伝統を保持しているとよく言われる。カザフスタンのカザフ人は社会主義期の定住政策によって、遊牧の伝統を放棄せざるを得なかった。それに比べ、モンゴル国のカザフ人は、放牧を伴う遊牧の生業を現在まで維持してきた（写真6）。モンゴル国のカザフ人は、両国のカザフ人の置かれた立場の違いに言及し、自分たちには古き良き伝統が残っていると述べる。この話は誰が言い始めたかは定かではないが、頻繁に語られる話題である。

写真6　遠くに見える家畜群

ところが、筆者の興味のある音楽や儀礼は、彼らの誇る伝統とは程遠い姿を見せていた。バヤンウルギー県の滞在で最初に面食らったのは、伝統的な音楽が全く演奏されない披露宴だった。二〇一〇年、初めてモンゴル国へ交換留学をした学部二回生の夏にバヤンウルギー県に訪れた際、ホームステイ先の親族披露宴に初めて招待された。とはいえ、当時、どこに何をしに行くのか分からず（聴き取れず）、きっと家畜を見に行くのだろうとついて行ったのだが、向かったのは車で数時間かかる地方の放牧地……ではなく、車で五分ほどの宴会場「ヌルダネスコ」であった。そこに入ると、多くの人が西洋式のスーツに身を包み、イスに座ってテーブルの軽食をつまんでいた。

突然、司会者であろう青年が披露宴の開会を宣言した。そして、その青年に促されて、親族たちが順番に舞台上に上がり祝辞を読み始めた。当時の筆者は言葉の習得が未熟で、誰が何をやっているのかさっぱりであった。そろそろ何か音楽が演奏されそうだと思っていると、大きなスピーカーからカラオケ音源が鳴り始め、隣国カザフスタンで当時流行していたポピュラー音楽が流れ始めた。結局、披露宴の終わりまで祝辞とカラオケ音源の演奏が続き、伝統的な音楽演奏がほとんど見られなかったことにとても驚いた。

もともと、カザフ人は民族楽器・ドンブラを用いて日々の心情や放牧地の自然を歌い残してきた。ドンブラは、二本弦で卵型の胴で構成される楽器である（写真7）。放牧地で開かれる宴に参加すると、参加者はドンブラの弦を指で弾きながら、人々に歌を披露する。宴での音楽は、基本的に一度歌えばその場限りの曲が多く、同じ曲が再び演奏されることはほとんどなかった。

先に述べたように、モンゴル国のカザフ人は、カザフスタンに住むカザフ人と比べて伝統を保持していると言われている。実際、筆者がカザフスタンに行ったときに、カザフ人がそう言っていたし、モンゴル国のカザフ人自身からもよく聞いていた。ところが、民族の伝統が最もわかりやすく現れてもよさそうな宴では、隣国カザフスタンの最新ポピュラー音楽が好まれて演奏されている。更に、モンゴル国にいてもカザフスタンのテレビ番組を通じて、カザフスタンの生の流行情報を仕入れるようになっている。そこで筆者は次のような疑問を持った。なぜ、モンゴル国のカザフ人は彼らの社会で生み出される音楽も存在しているのに、カザフスタンのカザフ音楽を積極的に演奏しているのだろうか。

写真７　ドンブラを演奏する青年

この問いは、カザフスタンとモンゴル国という国境で区切られた民族の間で音楽技術や曲がどのように行き来しているのかを調べることで答えが見つかるかもしれない。筆者はそう考え、現地の音楽劇団の演奏者として劇団員の活動を観察したり、ラジオ局でアーキビスト（資料整理者）として半世紀前の音源をデジタル化してデータを集めたりといった調査を行ってきた。これらの調査で分かったのは、モンゴル国のカザフ音楽文化は、一九五〇年代からソ連やモンゴル政府が進めた文化政策や、バヤンウルギー県を取り巻く国際関係の下で、音楽の記録方法や演奏方法、楽曲の内容が変わってしまったということである。

写真８　様々な形のドンブラ。左側の３つがカザフスタン西部のドンブラ、右側の２つがカザフスタン東部のドンブラ

（２）音楽劇団の影響力と音楽継承

モンゴル国のカザフ音楽は、ソ連の衛星国であった時期に、文化政策を通じて変化してきた。この一連の政策を、研究者は音楽の近代化と呼ぶ。この政策は、社会主義の思想を文字のわからない人々にも普及し、プロの演奏者を育成していくべきという趣旨で、当時の政府が進めてきたものである。この近代化は、次の六つに分けられる。それは、一、プロの演奏者のカテゴリーの創出、二、音楽教育機関の設立、三、現地の民俗音楽の記録、四、現地で使われる楽器の改良と民族楽器のオーケストラの設立、五、楽譜の導入、六、音楽史の作成である［東田　一九九九：一七―二九］。簡単に言うと、これによって私たちがコンサートホールでプロのオーケストラの演奏を聴くといった舞台演奏のスタイルが確立されたと言ってもいいかもしれない。

その音楽の近代化の特徴は、ソ連が仲介した西洋化であるという［島村　二〇一一：一四〇―一四四］。一九三〇年代から始まる音楽の近代化では、ソ連から与えられる考え方や技術が「文化的な」ものであり、社会主義期以前からあるそれらは「文化的でなく」、遅れたものであると人々に意識させるものであったようだ。例えば、モンゴルの楽器「馬頭琴」はもともと馬の尻尾の毛が弦に、楽器の胴の部分は革張りで作られていた。しかし、音楽の近代化の過程で、基盤に安定した音を出すために、チェロの楽器構造を基礎に馬頭琴に改良が加えられることとなった。その結果、それぞれの部位がナイロン弦と木で作られた馬頭琴が登場し、普及したのである。また、馬頭琴を含むモンゴルの楽器をコンサートで演奏するために、コントラバスのような巨大な馬頭琴といった様々な音域の楽器改良も行われた［Marsh 2010］。

モンゴル国（当時はモンゴル人民共和国）の隣国カザフスタン（当時はカザフ共和国）でも同様の政策が一九三〇年代から、彼らの民族楽器であるドンブラとコブズに対して行われた［東田　一九九九］。世界第九位の面積を持つカザフ共和国は、楽器の形にも地域差が存在していたが、それが一つの規格に統一された。例えば、ドンブラの形状は、カザフ人居住地域東部（カザフスタン東部やモンゴル国のカザフ人居住地域も含む）ではダイヤ型の胴であった。一方、カザフ人居住地域西部のドンブラは、卵型の胴を持っていた（写真8）。当時のカザフスタン政府は、ドンブラの形態を卵型のそれに統一した。それに加え、カザフスタン政府は専門教育を進める教育機関も整備し、ドンブラとコブズを用いたオーケストラも設立した。

写真9　社会主義期のカザフ民族楽器オーケストラ（提供：音楽劇団元劇団長・故モサエフ氏の収集資料）

この両国の近代化の流れは、一九五〇年代にモンゴル国におけるカザフ音楽にも及んだ。興味深いのは、バヤンウルギー県の音楽の近代化はモンゴル国にあったにもかかわらず、カザフ共和国のカザフ音楽文化をベースに進められたところにある。その契機は一九五六年にバヤンウルギー県音楽ドラマ劇団（*Bayan-Ölgii Aimgiin Khögjimt Dramiin Teatr* 以降、音楽劇団）が当県で設立されたことであった（表1）。音楽劇団は主にカザフ共和国の一流の音楽家と楽器職人を数人招聘し、現地のカザフ人演奏者への教育を進めた。カザフ共和国の音楽家らは、ダイヤ型のドンブラを卵型の胴のドンブラに変えた。そして、これまで口頭での演奏記録しか知らなかった現地のカザフ人演奏者に、楽譜を基礎としたドンブラやコブズの演奏技術を教えた。そして音楽劇団は、カザフ共和国の音楽家の指導の下、一九五九年にカザフ共和国に次ぐカザフ民

表1　モンゴル国のカザフ音楽に関する年表（1950年代～現代）

年代	音楽劇団	タマダ	バヤンウルギー県を取り巻く情勢
1956年	・バヤンウルギー県音楽ドラマ劇場落成 ・カザフ共和国からの演奏者の来訪		・モンゴル政府による文化政策の推進
1959年	・カザフ民族楽器オーケストラ設立		
1960～1980年代	・カザフ共和国へ留学し、音楽技術を学ぶ ・モンゴル国でカザフ音楽の収集と保存	・「アサバ」としてアマチュアの司会活動	・中ソ対立 ・社会主義政府による新儀礼の導入と普及 ・ドキュメンタリー『ドンブラの調べ』の公開
1981年	・『バヤンウルギー県の音楽文化』出版		
1990～1992年			・モンゴル国、カザフスタン独立
1990年代	・劇団員がカザフスタンへ移住 ・劇団活動の停滞期（2000年代前半まで）	・地方の宴と町の宴の区分の明確化	・中国とカザフスタンから音響メディアが流入
1999年		・司会業「タマダ」の誕生：ケンシレックが県内初のタマダになる	・宴会場「ヌルダネスコ」開設
2000年代前半	・カラオケ音源を利用した演奏の披露	・複数のタマダの誕生	・カザフスタンのテレビ視聴が可能に ・宴会場の増加 ・エルボルによるカラオケ音源の制作と普及
2004年		・サッチャン、ソルトハン、ダウレット、カドカンがタマダになる	
2006年		・宴会場にカラオケ音源が導入される	
2000年代後半	・新しい演奏者の採用と教育	・宴のプログラムの洗練	
2010年代	・県内のコンサートおよび国内外への演奏旅行の推進	・ケルタイとアイドスがタマダになる	・インターネット通信網の拡充 ・地方にも宴会場が開設
2020～2021年	・オンラインを活用したコンサートの実施	・活動の一時停止、オンラインを活用した演奏活動の継続	・新型コロナウイルス感染拡大と宴開催の一時的な禁止

族楽器オーケストラを設立した。ただ、その教育はカザフ共和国の音楽がベースにあったため、当時のコンサートの演目の大半が、カザフスタンのカザフ音楽という状況であった（写真9）［Qusaiynūly and Taukeiynūly 1981: 40-41］。

しかし、モンゴル国のカザフ人劇団員たちは他国のカザフ人にはない独自のカザフ音楽を見出し、継承のための努力を惜しまなかった。音楽劇団で音楽教育を受けた劇団員は放牧地に赴き、もともと口頭や見様見真似で継承されてきた民謡やドンブラの器楽曲を採譜し、楽譜集として出版した。また、現地ラジオ局と共同で、ラジオ局の資料保管庫（アーカイブズ）に一〇〇〇曲を越える音源を収録・保管した［Yagi 2019］。一九八一年には、劇団の演奏者の編集による『バヤンウルギー県の音楽文化』という書籍が出版され、モンゴルのカザフ人の音楽文化の歴史を記録した［Qusaiynūly and Taukeiynūly 1981］。

社会主義期の音楽劇団は、県内の音楽活動に関して強い影響力を持つこととなった。なぜなら、音楽劇団は、音楽の近代化を進める中で二つの役割を担ったからである。一つは、当時のカザフスタンの音楽文化を導入し、トップダウン的にカザフスタンの文化を一般の人々に普及したことである。次に、地方の民謡の収集と演奏を通じて、現地の音楽文化を継承する場として機能したことである。

（3）市場経済導入と劇団の衰退

右記の音楽劇団が強い影響力を持つ状況は、一九九一年にソ連体制が崩壊したことで大きく変化した。国がスポンサーとして機能しなくなり、音楽劇団をトップとしたバヤンウルギー県の音楽活動も、長期的に下火となったからである。国からの文化予算が削減され、劇団が演奏者を雇用できなくなった。また、音楽劇団では、モンゴル国の他県とは異なる独自の事情も関係していた。それは、モンゴル国のカザフ人の大半が隣国カザフスタンへ移住するという出来事である。一九九一年に独立したカザフスタンの呼びかけに応じて、モンゴル国のカザフ人の四分の一が移住した。こうした移住者の中には劇団員も含まれ、当時約一五〇名が在籍していた音楽劇団劇団員五〇数名がカザフスタンへ移住し、そのまま故郷のモンゴル国へは戻らなかった。

一九九〇年代に音楽劇団が被った被害は大きかった。音楽劇団の活動が再び現地や海外のカザフ人たちの関心を集め始めるのは、二〇一〇年代後半からである。音楽劇団に所属する演奏者らは、年に複数回のコンサートを行いながら、一九九〇年代に失った人材の代わりの演奏者の教育に力を注いできた。音楽劇団は二〇一〇年までに、十数名の新しい劇団員を採用し、カザフ民族楽器オーケストラの構成員として職場で演奏技術を習得させた。それによって、新しい演奏者を補充し、演奏者の技術向上を目指したのである（写真10）［八木　二〇一八］。

写真10　2019年のカザフ民族楽器オーケストラのコンサート

バヤンウルギー県のカザフ音楽の歴史と現状を音楽劇団の活動から理解すると、カザフスタンの音楽が現地で演奏されるようになった理由が説明できる。もともと音楽劇団に所属するカザフ人演奏者は、カザフスタン（カザフ共和国）の音楽文化を積極的に受け入れ、演奏してきたからである。しかし、音楽劇団の活動の歴史が、カザフ音楽の歴史のすべてではない。なぜなら、一部のプロの演奏者が音楽を継承してきたのではなく、たくさんの人々の演奏の中でこそ音楽文化は続いてきたからだ。そこで、音楽劇団以外の演奏者や一般のカザフ人がどのような音楽を聴いてきたのかに注目してみると、カザフ音楽のすそ野の広さが見え始めた。

3　音楽文化のすそ野の広さ

（1）国を越えた音楽とメディアの流通

劇団の活動以外で筆者が興味をもったのは、ウルギーの中央部にあるバザール（市場）でたくさん陳列されているCDやカセットテープであった。バザールの正面ゲート近くに古くからある電気屋があり、宣伝目的なのかオーディオスピーカーからカザフ音楽がいつも流れていた。この電気屋に入ると、中国語の説明付きの家電などあらゆる電気機器と部品が置かれており、その一角にCDやカセットテープが並べられていた。

この電気屋は一九九〇年代からバザールに店を開き、中国から輸入した電化製品を売ってきた。実は、一九九〇年代以降のバヤンウルギー県は人やモノの国境を超えての移動・流通が激しくなった時代でもあった。それは音楽も例外ではない。カザフスタン、中国・新疆といった近隣国で作られるカザフ音楽が、バヤンウルギー県に流入してきたのだ。

国外のカザフ音楽流通のきっかけは、一九九二年六月のモンゴル国西部ホブド県のボルガンと新疆ウイグル自治区北部タイケシケン間の国境開通である［Ganbat and Aonami 2014: 212］。これにより、新疆のタイケシケンから大量の日用品や電化製品を商人が買い付け、バヤンウルギー県の市場で売るようになった。その中には、中国の新疆ウイグル自治区に約一四〇万人が住むカザフ人の演奏者の音源も含まれていた（写真11）。写真のカセットテープには、中国・新疆のカザフ人の用いるアラビア文字を使ったカザフ語が書かれている。また、一九九〇年代初めにカザフスタンへ移住したカザフ人が、移住先の生活になじめずカザフスタンから帰国した際、カザフスタンで売られていたポピュ

写真11　1990年代に流通していた中国のカセットテープ

ラー音楽グループのカセットを購入して持ち帰った例もある。

こうした音楽の記録媒体に加えて、一九九〇年代に中国から入ってきた楽器の一つに、電子ピアノがある。現地ではこれを「ヤマハ」と呼ぶ。日本のメーカーであるヤマハの会社名が、電子ピアノの総称としてカザフ人に使われているのである。現地でヤマハの電子ピアノは高価なため、一般の人々は中国製の電子ピアノを使用している。これは、地方の文化センターや音楽劇団、学校の基本的な備品として置かれ、音楽の授業やコンサートで伴奏を演奏する中心的な役割を果たしている。

二〇〇〇年代以降は、カザフスタンや中国のカザフ音楽が、マスメディアやインターネットの普及に伴い、県内で急速に拡散した。バヤンウルギー県のカザフ人達は、二〇〇四年頃から衛星放送用の回線を契約し、カザフスタンの多数のテレビメディアを視聴するようになった［Zulkafil' and Sultan 2020: 844］。それによって、モンゴル国にいながらにしてカザフスタンの音楽の流行やコンサートの内容をリアルタイムで把握している。

二〇一〇年以降は、ウルギー市のインターネットの通信環境が整備され、人々が携帯電話やスマートフォンで気軽に音楽情報を入手できるようになった。この頃になると、車の中でスマートフォンから音楽を流したり、自身のFacebookアカウントから演奏動画をライブ配信したりすることが、若い人たちの間で一般的になっている。

（2）劇団外で活躍する演奏者たち

音楽劇団の一時的な衰退の時期から注目を集めたのは、音楽劇団以外で活動していた演奏者たちであった。彼らは社会主義期にアマチュア芸能者として、地方の文化センターなどで活動していたが［上村 二〇〇一：一〇五–一〇六］。バヤンウルギー県の音楽史では、音楽劇団の陰に隠れた存在であった。しかし、一九九〇年代以降は、個人が音楽を制作し発信するようになった。彼らは他の職業（音楽教師など）と掛け持ちをし、自らの音楽演奏の場を作り出しながら活動している。現在、彼らの中にはその活動経験の長さと経験によって、国から芸術関連の称号を与えられる人物もいる。

そんな彼らの活動の場は、スタジオ（*studio/R*）と呼ばれる録音スタジオとコンサートである。スタジオとは自宅やテナントの一室をレコーディングスタジオのように改造した場所のことを指す。ウルギーの家はその多くが泥のレンガで作られているため、防音性は抜群である。そして、コンピューターとマイク、音楽のミキサーをウランバートルから調達し、作曲ソフトと映像編集ソフトを駆使しながら、自分の曲のカラオケ音源を制作する（写真12）。詩やメロディは彼らの友人や現地の著名な作家から提供してもらうこともある。制作した曲は、Facebook や YouTube を通じてカザフ人の中で広まっていく。新曲を投稿する際は、他の演奏者のアカウントをタグ付けして宣伝することも忘れない。

写真 12　スタジオでの制作風景

コンサートは、音楽劇団のホールで開催される。ホールは時間制の料金と光熱費（電気代と冬季の暖房代）を払うことで音楽劇団から借りることができる。コンサート当日は、ホールが満員になるほど人が集まり、二時間ほどの演奏を楽しむ。この時に主催する演奏者は、他の演奏者を友情出演させる。演奏者間のネットワークをつなぎ止めておくことで、次の出演の機会を確保することにつながる。

コンサート開催の費用は、バヤンウルギー県にゆかりのある企業をスポンサーとして集める。音楽劇団の正面玄関に立てかける横断幕やチケットの印刷の費用、衣装代などがスポンサー料から賄われる。そのため、音楽劇団の主催するコンサートよりも、チケットは割安になる。コンサート終了後には、開催記念のために演奏者の関係者がお祝い品を演奏者に贈呈する時間もある。スポンサー

写真13　ヌルの歌手二人（提供：ケルタイ氏）

となった企業は、この時間に観客たちに自身の会社の製品やサービスを宣伝することができる。

個人のコンサートは、音楽劇団の主催するコンサートに比べ、より人々に身近なものである。筆者の滞在した二〇一五年一月から二月にかけて、音楽劇団では毎日のようにコンサートが開かれた。そのうち、その八割が個人奏者たちのコンサートであった。この二カ月間に開催されたコンサートの数は、音楽劇団の主催するコンサートの半年分にも及ぶ。

彼らの演奏する曲は、カザフスタンのポピュラー音楽に影響を受けているものの、バヤンウルギー県に根差した土地や自然を歌う曲が多い。県内で代表的なアーティストグループの一つに、「ヌル（光）」がある（写真13）。彼らは、カザフスタンでよく見られる恋愛に関する曲を歌うこともあるが、一方でバヤンウルギー県の各地の地名を曲に入れ、現地の生業に関する曲を自作し演奏している。最近では、二〇二一年一月に「我がバヤンウルギーの地」といった曲をリリースした。その曲のミュージックビデオでは、軽快なリズムと共に、バヤンウルギー県の風景や自然、人々が映し出され、そこが彼らの故郷であることを強く印象付ける曲となっている。その歌詞は以下のとおりである（QR―2）。

遊びたわむれ育った、広き草原、清き泉の側のように
価値のある地上の楽園、あなたは私のいる六つの大陸の間のように
我がブケン山からあなた自身〔ブケン山〕を見たならば、それは高くそびえたつ

森林の土地は心の薬や温泉であり、一時の休息を得られる
〔サビ〕我がバヤンウルギーという地は、緑の平原が広がる
驚くべき幾千の物語、夜の麗しき町のように
捧げよう我が曲を、表現しようそのきらびやかさを、我が故郷のそれを、
遊び興じよう、恋しい思いを詩として歌おう、バヤンウルギーという故郷の地を。

（我がバヤンウルギーの地　作詞：サトジャン・クラスハーン、ケルタイ・ザルコム、作曲：ジャンボラット・サテイ、ベルディベック・ダウレトベック、アウガンタイ・イサ）

QR-2

この曲の作詞者たちは自分たちの住むバヤンウルギーがカザフの文化や自然を残す場所であることを歌いたいと作詞したという。彼らの制作したプロモーションビデオを見ると、若者たちが日常的に行き来する場所や五感に感じる自然を映しながら、その情景を歌い上げている。バヤンウルギー県のカザフ人にこの曲は好評のようで、若者たちが投稿先のFacebookでシェアし、四六〇件の「いいね！」が押されている。

（3）伝統の消えた宴に立ち返る

以上では、音楽劇団の活動の歴史と音楽劇団外で活躍する演奏者らの活動を述べてきた。一九九〇年代以降のバヤンウルギー県では、音楽劇団の停滞期と重なって、音楽劇団に加えて劇団外の民間の演奏者が音楽で影響力を増す時代となっていった。更に、国外からのメディアの流通を背景に、新しい演奏技術や曲を手にいれるといった音楽による表現が容易になった時代でもあった。

しかし、音楽を巡る社会状況は明らかになっても、初めて披露宴に参加した時に感じた驚きに答えが出せたわけ

ではなかった。それは、披露宴の音楽はなぜカザフスタンのポピュラー音楽であったのか、そしてそれは誰が指揮しているのかということである。確かに、カザフスタンの音楽の影響はバヤンウルギー県で生活していると多くの場面で感じられる。だからといって、その当事者に話をしてみないと本当のところはわからない。

劇団やラジオ局での研究がひと段落した二〇一八年のモンゴル滞在時に改めて披露宴の音楽を調査しようと思い至った。先に述べた二〇一〇年の披露宴を思い返すと、やはりマイクを握る若い男性が筆者の問いのカギを握っていると感じた。当時はカザフ語もモンゴル語も未熟で、その男性がどういうポジションなのかもよくわからず、単にカザフスタンの曲がカラオケ音源で演奏されていたことが記憶に残っている。そもそもマイクを持つ男性は誰なのだろうか？

キッチンでお昼ご飯を作っていたホームステイ先のお母さんにまず尋ねてみた。

「披露宴でいつもマイクを持っている人って、なんていう人？」

羊肉を切っていたお母さんは、包丁を動かす手を止めて言った。

「あぁ、それはタマダよ。昔はアサバって言っていたけどね。」

あの司会者が現地でタマダと呼ばれているということだけで十分だった。私は早速ウルギーの町でタマダの情報を集め始めた。

◆コラム１——宴と祈りの文句

ウルギーでは、数年ごとにステイ先を変えて、複数のカザフ人家庭でホームステイすることができた。観察できる生活のデータの数を増やし、その中から何か共通の出来事を記述し考えるためである。筆者が滞在した各世帯で大体共通していたのは、人々の間のつながりを維持するための宴が頻繁に開催されていたことだった。

カザフ人にとって、宴には人生儀礼に区分されるものと、年中行事に区分されるものがある。人生儀礼に属するものは、結婚に関連する儀礼以外にも、生まれた子供が四〇日を過ぎる頃に行う「ゆりかごのトイ」、立って歩き始める一才前後に行う「足の紐を切るトイ」、言葉が口から出るようになった頃の、「言葉を話し始める時の宴」、小学校一年生の子がキリル文字のアルファベットを学び終えた後に行う「文字のトイ」、六〇才前後になり仕事を退職し年金生活者になる「年金のトイ」などがある。また、カザフ人の祝う年中行事に、トゥルク系の多くの民族が祝う春分の日「ナウルーズ」とイスラームの犠牲祭「コルバンアイト」がある。

晩酌が深夜まで続く宴に一通り参加する中で、あるカザフ語の単語が頻繁に用いられていることに気が付いた。それは、「ボルスン」という言葉である。カザフ人は、人を招待し宴を開催すると、決まって「ボルスン」が末尾になる言葉を発する。例えば、嬉しい祝いの宴、親しき人が遠方に行くとき、亡くなった人を弔うとき、そうした場面でその場にあった「ボルスン」を言わないとマナーがなっていないと陰口を言われたりする。この「ボルスン」がカザフ人社会で持つ力は強い。

「ボルスン」とは、カザフ語の動詞 **"bolu"** の三人称命令形である。基本形の単語は、「〜になる、〜である、存在する、出現する」という意味である。カザフ語初学者が最初に使える万能な単語で、あらゆる名詞・形容詞と接続できる。例えば、「ご飯＋bolu」で「ご飯ができる」や、**"bolady"** と単体で使うと「いいよ、ＯＫ」という意味になる。その単語が三人称で **"bolsyn"** となると、上記の「〜になれ、〜であれ！」という祈りの意味を作る。例えば、日本語の「いただきます」は「食事が美味しくあれ（as tamaq dämdı bolsyn）」と言い、カザフ人の中で頻繁に使われる「おめでとう」は「幸福であれ（qūtty bolsyn）」という。

人の集まる宴で祈りの文句を言いあうカザフ人たちを眺めていると、様々な人をつなげる祈りの言葉が、実は宴を開催する本質なのではないかと感じた。インターネット上でも現実でも、相手の返事・応答が生まれる場で必ずこの祈りは使われるからだ。ちなみに、右記の文句に対応した返事は、**"rahmet, birge bolsyn"**（ありがとう、共にありますように）と **"aitqyn kelsın"**（あなたが言ったことが起こりますように＝そのとおりでありますように）である。両者の返答とも、言われたことへの同意を示しながら、それが実現することを祈るという形式がとられている。

三　タマダの誕生

1　バヤンウルギー県の「地方の宴」

バヤンウルギー県のカザフ人たちから話を聞くと、ソ連体制の崩壊（一九九一年）以降のバヤンウルギー県の披露宴は、地方と町でその内容が大きく異なるという。それは一九九〇年代末に「町の宴」という形式が現地で生じたことで顕著となり、明確に異なる宴の内容として現地の人から認識されている。一九九〇年代に地方と町の宴の区分が生じたということは、逆に一九九〇年以前の社会主義期にはそうした区分がなかったともいえる。その社会主義期はいったいどのような宴が行われていたのだろうか。

社会主義期バヤンウルギー県では宴に二つの形式が存在していたことが確認できる。一つ目は、主に新郎側の放牧地で行われてきた結婚儀礼（結婚式と披露宴を合せたもの）である。廣田［二〇一二］によると、社会主義期のモンゴル国のカザフ人の結婚儀礼の順序は、婚礼―婚資の贈与―茶会―持参財の贈与―分家という順番で行われるという。この新郎側の放牧地で行われる儀礼は、新婦を新郎の親族が迎え入れるための宴として現在も行われている。この順序を説明すると、初めに天幕でカザフの揚げパンや乳製品を新郎・新婦に向かって放り投げるシャシュ（*shashu*/K）から始まる。そして、新郎親族に花嫁の存在を披露する儀礼「ベトアシャル（*betashar*/K）」が行われ、民族楽器ドンブラの演奏者が新婦の顔を覆うベールを外す。その後、宴会が始まり、屠殺した羊の肉を皆で食べあうというものであったという［廣田　二〇一二：七三］。

筆者が収集した記録でも、こうした宴に近隣の牧民らも飛び入りで参加できるものであった。式は、新郎・新婦の親族と参加者の皆が順番に祝辞を述べ、式の最後に出される茹でられた肉を食べた後に解散するものであった。

披露宴での司会はプロの演奏者が行うことは稀で、近隣の牧民の知り合いの中で、歌がうまいと評判の人であったり、芸能に秀でた若者であったりが行っていたという。またその当時、司会進行を担う人はアサバと呼ばれており、タマダとは呼ばれていなかったようだ。

二つ目は、ソ連やモンゴル人民共和国政府が、一九六〇年代以降に人々に普及した結婚儀礼である。[5] この儀礼は、ソ連各地とモンゴル人民共和国の都市部で導入された［渡邊 二〇一〇：一三六、伊賀上 二〇一三：二八五―二八八］。この時期、ソ連は政府の考案した儀礼の式次第に各地の民族の伝統文化を取り入れた。それが政府主導の結婚儀礼として各地に広まったのである。

バヤンウルギー県では、一九八二年にモンゴル国営放送の撮影したドキュメンタリー映画「ドンブラの調べ（*Domboryn Egshig*(M)）」に、政府の導入した結婚儀礼の詳細が記録されている（QR―3）。この映画は、ソ連特有のプロパガンダの側面が強いものの、バヤンウルギー県のカザフ人の結婚儀礼が二二分弱の尺の中で二分ほど映っている。その行動は次の通りである。

一、スーツを着た新郎と民族衣装を着た新婦が周りに親族たちを付き従えて、町の中をパレードし、文化センターと思われる建物に入る。

二、建物内では、老年の民族衣装を着た女性たちがキャンディーを新郎・新婦に向かって撒くシャシュの中で新郎・新婦が入場する。

三、新郎・新婦がシャンメリーとカザフの揚げパンとお菓子が用意されたテーブルに来ると、司会者と思われる中年男性が新郎に小さな紙（婚姻届けと思われる）を渡す。

四、それに新郎がサインをすると、紙を渡した中年男性が新郎・新婦と顔を近づけ頬ずりをする。

五、伝統的な放牧の格好をする老夫婦（新郎側の親族と考えられる）が新郎・新婦と頬ずりをする。

六、民族楽器ドンブラを演奏する男性が、新郎・新婦の前で演奏している。先述のベトアシャルが行われていると推察される。

七、新婦がぎこちなく新郎の右手薬指に指輪をはめる。

QR-3

現地のドキュメンタリーが映した結婚儀礼では、前者の新郎の放牧地で開催される結婚儀礼との共通点と違いを発見できる。例えば、お祝いのシャシュがどちらの儀礼でも行われるが、そこで投げられる食品の内容（揚げパンなのか、キャンディーなのか）が異なる。また、民族楽器の演奏と楽器で花嫁のベールを取り外すベトアシャルや、参加者や新婦の着用する民族衣装、メインで食べる肉料理といった要素が、伝統的なものとして共通している。その一方で、新郎の紙（婚姻届）へのサインや、テーブル上のシャンメリーやワインといった飲食物の内容、指輪の存在は伝統的なものではなく、ソ連の影響を受けているように見える。

写真 14　地方の宴でお祝いされている新郎・新婦

放牧地で行われる結婚儀礼と、政府の導入した結婚儀礼のどちらがバヤンウルギー県内で活発に行われていたのかははっきりとはわからない。筆者の聞き取りでは、新郎・新婦の放牧地の披露宴の内容を聞くことしかできなかった。そのため、右記のドキュメンタリー映画以外で政府の導入した儀礼に参加したことがある人を発見できなかったからだ。ただ現地の人々の話でヒントとなったのは、一九九〇年代からバヤンウルギー県のカザフ人達が一つ目の新郎側の放牧地で開催する披露宴を、「地方の宴（*qyrdaġy toi*/K）」と呼び表すようになったことである（写真14）。一九九〇年代という時期は、次項以降で説明する「町の宴（*qaladağy toiK*）」が登場し、大規模な宴会場の開場やタマダの誕生と重なる時期である。仮に、ソ連政府の導入した結婚儀礼がバヤンウルギー県内で本格的に実施されていたならば、町の宴や地方の宴という区別は、一九九〇年代以前から存在していたはずである。それが一九九〇年代になるまで出てこなかったということは、ドキュメンタリー映画「ドンブラの調べ」で出てきたようなソ連式の結婚儀礼は、バヤンウルギー県ではほとんど開催されなかったのではないかと考えている。

2　最初のタマダは誰？

タマダに関する聞き取り調査の中で、社会主義期に活躍した「アサバ」との決定的な違いに気が付いた。現地におけるタマダは、一つの専門職として確立されているということであった。先述したように、社会主義期の結婚儀礼において、アサバは宴の主催者と知り合いの人物から選ばれるものであった。しかし、一九九〇年代以降、タマダは金銭を介した職業として登場し、活躍するようになったというのである。

バヤンウルギー県における最初のタマダは、身近なところにいることが判明した。若者から高齢の三〇人ほどのカザフ人に「バヤンウルギー県内で最初のタマダは誰ですか？」と質問を投げかけると、ほぼ全員が同じ人物の名を口にした。ウルギーが人口三万人ほどの比較的小規模な街であったことと、カザフ人は新しいもの好きで、タマダがいつ頃、誰が県内で始めたのかを覚えていたからである。

その人物を、ケンシレック・アクバピウル（一九七九年生まれ）という（写真15）。彼の電話番号を知っている人を探すと、筆者がラジオ局で働いていた時の職員が知っているという。こうした緩いつながりを通じて、ケンシレック氏の電話番号を取得し、アポイントを取った。ケンシレック氏のオフィスに伺うと、「君はカザフの宴の研究しているのか！　よしよし」と嬉しそうに出迎えてくれた。

ケンシレック氏は、バヤンウルギー県で初めて「タマダ」として活動を行った人物であった。彼は現在、工場労働者組合の会長を務めている。ケンシレック氏は、国内の工業都市ダルハンの工学系の単科大学を卒業した後、ウルギー市内の配管作業の仕事をしていた。牧民であった父から八歳の時に歌を習いはじめ、当時放送されていたラジオ番組を聞きながら育った。彼によると、一九九九年にタマダとして近所の結婚式に参加したのがこの仕事を始めるきっかけとなったそうだ。

一九九九年六月に、ケンシレック氏がバヤンウルギー県で最初のタマダとして活動を始めた。そのきっかけは、カダルパシャ氏というカザフ人男性から披露宴の進行を依頼されたことだという。当県で結婚式を挙げる予定のカダルパシャ氏というカザフ人男性から依頼され、タマダとして披露宴を進行することとなった。カダルパシャ氏は、もともと一九九〇年代にカザフスタンへと移住したが、その後バヤンウルギー県に帰国し、ウルギー市内で生活していた。彼がカザフスタンでタマダの指揮する披露宴を見たかは定かではないものの、その彼がタマダとしてケンシレック氏を指名したのである。ケンシレック氏は、カダルパシャ氏の披露宴のプログラムを独自に考案した。当時は宴会場がなかったため、披露宴をウルギーの中心部にある第二学校で行った。彼は、その時の活動を以下のように振り返る。

「最初のトイの時は、今のように広い宴会場がなかったから、学校の一階の講堂で司会をしたんだ。その時は、三〇〇人くらい来たと思う。今のようにお菓子をお祝いとして投げずに、ボールサグ〔揚げパン〕を投げていたし、会場が騒がしくて、マイクを使ってようやく声が聞こえるという有り様だった」［ケンシレッ

写真 15　最初のタマダ、ケンシレック氏

ク　二〇一九年三月二日インタビュー」

この会場の騒がしさは、人々が好き勝手に話をしていて、タマダが式の進行役とはいえ、強いリーダーシップを持っていなかったことを示している。ケンシレック氏によると、初期の披露宴では、座る場所が指定されていなかった。どこに座ろうが自由であり、人々は知り合いがいる場所をめぐりながら、別の知り合いと話しながら、席を移動し続けていたそうだ。また、別の披露宴の時の参加者の行動を彼は笑いながら語った。

「あの時の笑い話がある。今の結婚式だったら一つのテーブルから一人の代表者が出て、式辞を述べるだろ？あの時は違った。一〇〇人もの人が舞台の場所に並んで一人ずつ順番に祝辞を述べたんだ。途中の踊る時間もずっと祝辞が読まれていた。だから、結婚式が夜中の三時くらいまでかかったんだ。また、別の結婚式では、肉を出す順番を間違えて、親族の祝辞を読む前に肉を出してしまったんだよ。だから、祝辞を読み終わった後に皆が帰ってしまって、困ったものだった」［ケンシレック　二〇一九年三月二日インタビュー］

県内初のタマダ、ケンシレック氏の話から窺えるのは、地方の宴の内容が実質的に継続されていたことである。例えば、キャンディーではなく、揚げパンを投げるというシャシューの内容やその座席の配置、そして祝辞を多くの人が読み続けるということである。彼の語る初期の宴の状況は、町の宴としての内容も当時は未完成で、人々もその形式に慣れていなかった。しかし、二〇〇〇年代に入ると徐々に町の宴と地方の宴の違いが鮮明化し、そこにタマダの存在が深く関わっていくこととなるのである。

3　町の宴とタマダの需要

（1）宴会場とビジネス化

町の宴は、バヤンウルギー県では一九九〇年代末に宴のビジネス化によって誕生した。その特徴は、地方の宴の主催者の放牧地や自宅ではなく、ウルギー市や各郡の中心地（センター）に建てられた宴会場で開催されることである。参加者の人数は、町の宴の方が地方の宴よりも多く、一回の披露宴で三〇〇～五〇〇人ほどが参加する。そのため、バヤンウルギー県内の宴会場の多くは、社会主義期の建物を改築して利用している。

こうした社会主義期の大規模な施設が一九九〇年代以降に商業的に人々の集まる場に変貌することは各地で見られた。モンゴル国のヒップホップに関して調査した島村によると、首都ウランバートルでは、ソ連時代の文化センターの建物を流用し、ディスコが多数建設されていったという［島村　二〇一九：八〇―八四］。

写真16　宴会場「ヌルダネスコ」

興味深いのは、バヤンウルギー県の宴会場も、もともとディスコの経営から始まっていることである。ウルギーでは、一九九〇年代末に市内中心部の社会主義期の裁縫工場を改築し、最初のディスコが設立された。そのディスコは、カザフ人の若者たちを取り込んでいったが、一九九九年に結婚式の宴会場「ヌルダネスコ」として再び開業した（写真16）。この会場名は、宴会場を経営する人物の子供の名前ヌル、ダナ、エスコをつなげた名前である。この宴会場が町の宴のメイン会場となったのである。

タマダは宴会場に雇用されることで、自身の活動の基盤を得た。ケンシレック氏は新しく設立されたヌルダネスコのオーナーに雇用され、専属タマダとし

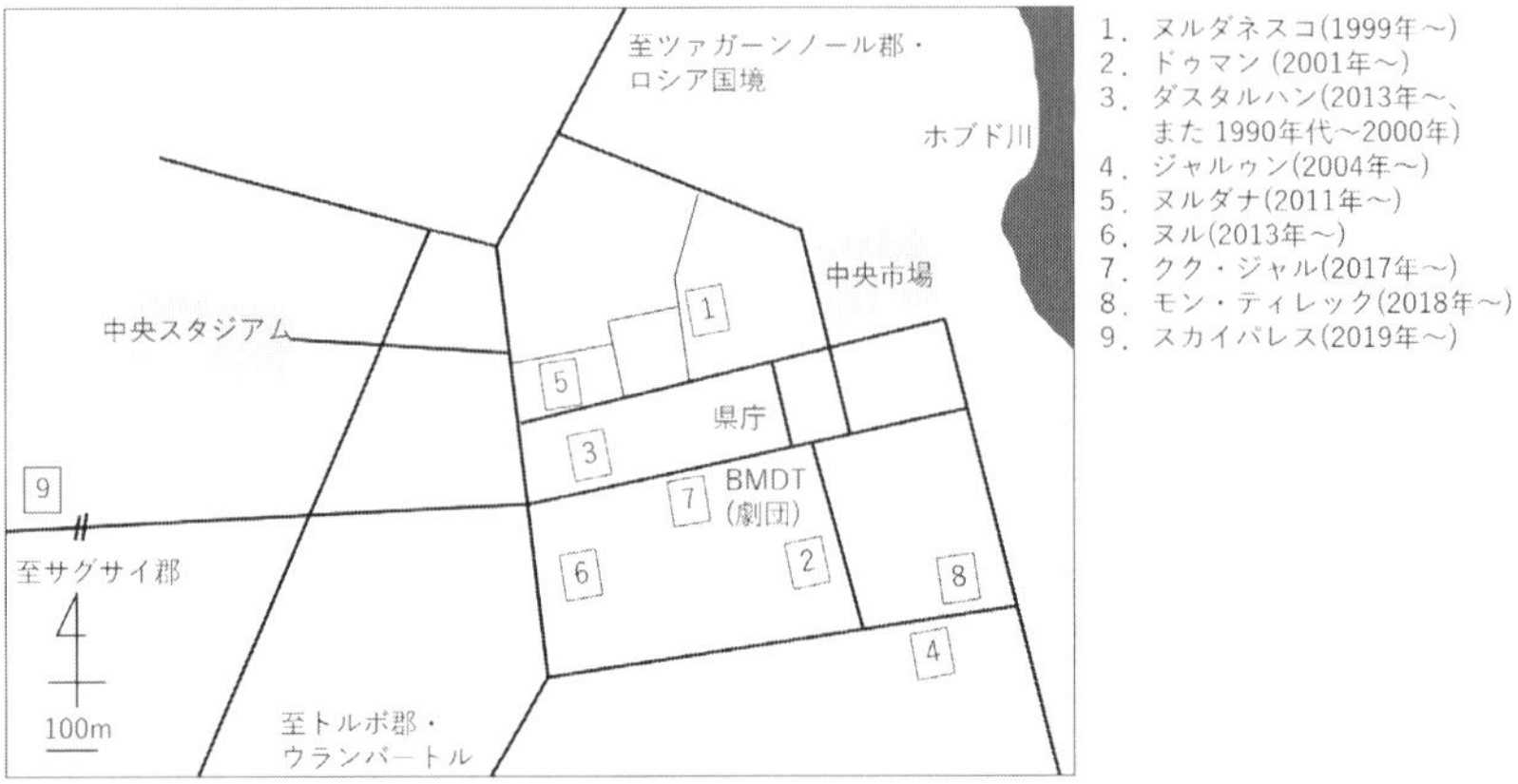

地図3　ウルギー市内の宴会場の位置

て活動を維持したそうだ。彼によると、宴会場に対する民衆の反響は非常に大きく、二〇〇〇年六月から八月の三カ月間に毎日披露宴が開催され、大体九〇件以上の披露宴で彼が司会を務めたという。

　宴会場の経営が稼げることを知った起業家たちは、二〇〇〇年代に宴会場を市内の各地に設立し始めた。ヌルダネスコの次は、二〇〇一年にドゥマンがホテルに併設されて開設した。この宴会場の名前「ドゥマン」とは、カザフ語で喜びや祝いという意味で、ケンシレック氏が起業家の依頼で名付けた会場名である。この名称に対して、起業家は難色を示したが、縁起のいい名前であることをケンシレック氏が説明して、この名前を採用させたとのことである。

　その後も継続的に市内の中心部に、ジャルゥン（気力、炎）、ダスタルハーン（宴の時に敷く布）、ヌル（光）、ヌルダナ（経営者の娘の名：神（光）から与えられた聡明さの意）、モン・ティレック（一千の望み）、クク・ジャル（青き鬣《たてがみ》）、スカイパレス（空の宮殿）という、九つの宴会場が二〇一九年までに設立された（地図3）。宴会場の大部分は、社会主義期に使われていた工場や施設が宴会場用に改築・増設され、使用されている。その理由として、宴会場が二〇〇〇年代初期の頃から比べて大規模になっているからだと、タマダたちは述べる。各宴会場は、それぞれ三〇〇人以上を収容するホールを擁するようになった。最も古い宴会場のヌルダネスコは、この数年に内部を大幅に改装し、規模の拡大を図っている。近年ではスカイパレスというモンゴル人の出資する宴会場が、天幕の形をした大ホールを鉄筋コンクリートで建設し、内部には一〇〇〇人を収容することが出来ると言われている。大ホールの舞台上には大型のスクリーンがあり、まるで何かのコンサートに来たかのような錯覚を起こす。

宴会場では、結婚儀礼のプログラムによってそれぞれホールが使い分けられる。例えば、ヌルという宴会場では、婚姻の儀礼の小ホール、そして、五〇〜三〇〇人を収容できる大ホールが併設されている。小ホールは、ベトアシャルといった儀礼を行うスペースであり、大ホールには舞台と音響設備が備わっており、披露宴用の宴席を楽しむ場となっている。一回の披露宴では、これら目的別に用意された施設をすべて使用する。

(2) タマダのプロフィール

宴会場が多数開設され、そこで司会をするタマダへの需要が発生すると、続々と県内で新しいタマダが登場した。ケンシレック氏に次いで登場したのは、ティレウベック氏(一九八〇年生まれ)である。彼は二〇歳の時にタマダとして、二〇〇〇年に別の地方の宴で主催者に依頼されて司会活動を始めた。その後、ヌルダネスコの専属のタマダとして、ケンシレック氏と交代で活動したという。ヌルダネスコでは当時一つの結婚式を一人のタマダが担当した。ティレウベック氏によると、ケンシレック氏が主要なタマダとして活動し、ケンシレック氏の休日や、複数の宴の日程が重なった時にティレウベック氏が司会を担ったという。

ティレウベック氏以降に登場する四人のタマダたちは、町の宴の完成に寄与した者たちである。彼らは、二〇〇三年から二〇〇四年の間に誕生した。そして、町の宴のプログラムの現在の形に洗練させ、地方の宴との内容の差をもたらした。その四人をそれぞれ紹介しよう。

写真17　ソルトハン氏とベイビットグル氏（提供：ソルトハン氏）

一人目のソルトハン氏（一九七三年生まれ）は、バヤンウルギーで唯一の専業のタマダである。彼の妻ベイビットグル氏もタマダであり、夫婦そろってタマダとして活動している（写真17）。最近は、県内だけではなくカザフスタンの宴へも積極的に出張しながら、専業のタマダとして宴を仕切っている。

二人目のダウレット氏（一九八二年生まれ）は、バヤンウルギー県南部トルボ郡で学校の校長兼カザフ語の教師として働く人物である（写真18）。それに加え、ダレという芸名でタマダとして活動している。二〇〇四年にウルギーにあるトルコ資本の学校の宴に司会者として参加したことで、タマダとして有名となった。その後カザフスタンへと留学し、帰国した後もタマダとして活動している。

三人目は、カドカン氏（一九八二年生まれ）である（写真19）。彼は、十数年ほど音楽劇団でドンブラを演奏しながら民謡歌手として活動していた。彼の持ち味は司会技術に加え、儀礼の曲を低いバリトンの声で演奏し、人々を魅了することにある。彼の声には、不思議な魅力があり、カザフスタンの伝統音楽コンクールにモンゴル国のカザフ人代表で招待されている（QR―4）。二〇一八年にカザフスタン北部に移住し、カザフスタン国内の演奏者と共に演奏活動を継続している。

四人目は、サトジャン氏（一九八八年生まれ）である（写真20）。彼はサッチャンという芸名で現地の人々に知られている。最初彼の芸名を聞いたとき、日本の女の子がバヤンウルギー県にいるのかと勘違いしたが、実際話してみると、目つきの鋭さと、少し達観したような態度で話すのが印象的な男性だった。彼の芸能活動の多彩さは多くのカザフ人が認めるところで、正にタマダに相応しい

QR-4

写真 18　舞台に上るダウレット氏（左）とケルタイ氏（提供：ケルタイ氏）

写真 19　披露宴前の儀礼ベトアシャルの曲を歌うカドカン氏（左）

ものである。彼はウルギー市内の学校で音楽の教師であることに加え、アイトゥス（即興のかけ歌）の詩人、後述するケルタイ氏と共にヌル（光）という音楽グループを結成し音楽活動を行っている（前掲写真13）。先の「我がバヤンウルギーの地」の歌詞を書いた人物である。

二〇一〇年代になると、二〇〇四年に登場したタマダの弟子らが頭角を現してきた。彼らは、先に活動するタマダらの芸能の内容を見てタマダとして育ってきた。その代表を二人挙げたい。アイドス氏（一九八九年生まれ）、ケルタイ氏（一九八九年生まれ）というタマダである。

アイドス氏は、本書の表紙写真、そして「はじめに」の冒頭で描写したタマダである。彼は掛け合い歌アイトゥスの詩人としてよく知られている。そのため、歌を歌うというよりは宴で詩を披露し、人々を感嘆させることに長けている。彼がタマダとなったきっかけは、ロシア・ゴルノアルタイ州に住むカザフ人の披露宴に偶然参加したことであった。その披露宴でのドンブラ演奏が、現地のカザフ人達に大絶賛であったことから、タマダとして活動してみてはどうかと勧められたという。そうして詩人とタマダの兼業を始めた彼は、徐々に知名度を上げた。現在では、ウルギー市内だけではなく地方の郡センターで開かれる宴でも欠かさず呼ばれるタマダとなった。彼とのインタビューでは、物柔らかな語り口調ではあるが、相手の質問の意図は何なの

写真20　舞台で曲を歌うサッチャンことサトジャン氏（右）とアイドス氏

か、何を答えてほしいのかを探るような態度で、筆者へ語る言葉を慎重に選び取っている感じを受けた。

ケルタイ氏は、サッチャンと結成した音楽グループ「ヌル」の一員である。彼はサッチャンから影響を受け、二〇一〇年からタマダの活動を始めた。現在は、市内中心部で披露宴の招待状などを印刷する写真館を経営しながら、ヌルの音楽活動とタマダの活動を行っている。また、ソロ活動でも、現地の他の演奏者とのコラボ演奏を精力的に行っている（前掲写真13、写真18）。

このほかにもカザフスタンに短期で旅行に出かけているため聞き取りできなかったタマダもいるが、モンゴル国のカザフ人タマダは全体で一四人いることが確認できた。彼らの中には県内以外に、首都ウランバートルを拠点に歌手と両立しているカザフ人タマダもおり、モンゴル国のカザフ人の中でタマダの活動が幅広く行われていることを実感させられる。

4　タマダ主導のプログラム作成

（1）カザフの宴は（時間通りに）始まらない／終わらない

バヤンウルギー県の滞在が長くなると、友人らの結婚披露宴に招待される回数が増える。その時に、主催者から人づてに、招待状が手渡される。カザフ人の披露宴に参加するためには、招待状が必須である。招待状を印刷するビジネスが成立するほど、それは重要なものである。その重要性とは裏腹に、受付での招待状の有無を確認することはなく、披露宴自体は自由に出入りすることができる。招待状を送るという行為は形式的なものである。

ところが、その形式的な招待状に関して、披露宴の開始時間だけは注意してみないといけない。招待状には、「披露宴は一八時から始まります」と開始時間が書かれている。しかし、記載された開始時間に行くと、会場はまだ電気すらついておらず、車で混雑する駐車場もがらんどうである。タマダどころか参加者も誰もいない。新郎・新婦も披露宴前に行うモスクでの結婚の誓いの儀礼や、ウルギー市内の観光名所で友達たちと写真撮影をしているらしい。

　現地の人たちは、招待状に書かれた時間に二時間足した時間を自宅からの出発時間としている。つまり先の一八時始まりと記載されている場合、二〇時すぎに到着すると、ちょうどタマダが開会のあいさつをする時間になる。大体の参加者がそれを見越してくるため、披露宴に人が集まり始めるのは早くても一九時半ごろになる。つまり、招待状の開始時間とは、その時間に来ても誰もいませんよという意味だったのだ。

　一方で、先のケンシレック氏の指揮した宴のように、いつまでたっても宴が終わらないこともある。祝辞を述べる人が多く、またパフォーマンスも多いので予想していた時間よりも後にずれ込むということである。これが、本来の宴の姿と思うかもしれないが、宴会場の延長は、主催者や貸出人たちにとっては難しい課題である。なぜなら、宴会場は時間単位で貸し出すため、宴を延長することは主催者の金銭的な問題になる。そのため、宴を時間内に収めることは必須なのである。

　ここで重要なのは、タマダがいかに参加者の行動をコントロールし、時間制限のある中で参加者を満足させて帰路につかせるのかという点であった。先のソルトハン氏、ダレ（ダウレット氏）、カドカン氏、サッチャン（サトジャン氏）の四人のタマダが主導し、宴のプログラムの変更を進めた。そして、新郎・新婦の都合で遅れると昔から決まっている開始時間ではなく、タマダがコントロールできる終了時間に宴の閉会を収めるために、「時間通りの宴」を作り出していくことになったのである。

（2）披露宴のディナーショー化

タマダたちがプログラム作成にあたって意識したのは、タマダ自身が祝辞や演奏の時間をコントロールすべきという点だった。そのために、タマダは祝辞を読む時間の短縮を目的として、参加者が着席するテーブルを職業や親族のカテゴリーで分類した。そして、祝辞を述べる人を参加者の属性から選出された数名に限定し、祝辞を舞台で披露する五分から一〇分ほどの時間を祝辞の発表者に与えることにした。例えば、二〇一八年六月に著者が参加した披露宴では、婿側の親族から始まり、嫁側の親族、カザフスタンから来た親族、仕事の同僚ら、学校の同級生らの順で各五人までが壇上に上がり祝辞を述べることが許されていた。これが、昔の宴の場合、舞台上に十数名が列を作るようなことが一般的であったが、その数を絞ることにしたのである。

この祝辞の短縮を目的としたプログラムでは、司会進行を務めるタマダが、ステージで音楽演奏を行うことも組み込まれた。初期の披露宴では、参加者が祝辞を述べた後、祝辞を読む人自身が音楽演奏をすることもあった。一方、現在の形式の町の結婚式では、参加者らによる自由な演奏披露を減らし、代わりにタマダやプロ歌手の演奏を増やした。そのため、参加者らは聴衆となって座席でタマダらの音楽演奏を聴くことが一般的となったのである。

その様子は、まるで「ディナーショー」である。ほとんどの参加者にとっては、祝辞とダンスと休憩の時間以外は、座席で食事を食べ、舞台で行われる演奏や余興を楽しむ。ただ、ディナーショーはある歌手やタレントの演奏を望んで聞きに来る人が大半である一方、披露宴ではタマダの演奏自体は参加者にとってそれほど重要ではない。その理由は、披露宴は新郎・新婦が主役であり、タマダの音楽を聴きに来たわけではないという違いがあるからである。

写真21　新郎の親族の祝辞の場面

表2　2018年6月の披露宴プログラム

1. トイバスタルの演奏(小ホール)
2. 新郎新婦の入場
3. ジャルジャル、ベトアシャルの演奏
4. 大ホールに移動
5. タマダの言葉で開幕
6. 新郎新婦の入場
7. 新郎側親族の祝辞
8. タマダの演奏
9. 新婦側親族の祝辞
10. タマダ・歌手による演奏
11. カザフスタンから来た親族の祝辞
12. 新郎新婦の職場の同僚による祝辞
13. 学校時代の同級生による祝辞
14. タマダによる演奏・余興
15. 休憩(ダンス時間)
16. 茹でられた肉を食べる食事
17. タマダの演奏
18. お祈りの文句を老人が述べて解散

タマダの創り出した披露宴を具体的にたどっていこう。表2は現在の一般的な結婚式のプログラムの一例である。太字は宴における音楽演奏を示している。披露宴は二〇時ごろにおもむろに司会者の声掛けと共に始まり、日付の変わる一二時までに終了する。全体の披露宴に費やす時間は、四時間ほどである。新郎・新婦がモスクで結婚の誓いや観光地での写真撮影を終え、宴会場に到着する。この頃に参加者たちも集まり始める。お色直しの部屋での準備が整うと、新郎・新婦は小ホールに移動し、親族と大勢の観客の中で儀礼が始まる。タマダは新郎・新婦の横でドンブラを持ち、ジャルジャルやベトアシャルを演奏する。

その後、参加者らは大ホールへ移動し、分類されたグループに分かれて、決められたテーブル席に座る。テーブルには、お菓子や軽食が置かれており、それらを食べながら、タマダの開会宣言を待つ。タマダが、「改めまして、みなさまこんばんは、新郎・新婦の結婚披露宴にようこそ！」と開会の宣言をする。タマダは、新郎・新婦の親族を順番に呼び、彼らに祝辞を読ませる（写真21）。その後、各テーブルの代表者がタマダに呼ばれ、舞台で祝辞を順番に述べていく。各祝辞で発表者は新郎・新婦が今までどのように生きてきて、どれくらい新郎もしくは新婦に相応しいかを述べた上で、今回の披露宴のご祝儀を進呈しますと主催者である新郎の親族にお金が手渡される。そこで会場の人たちは大きく拍手をする。

ご祝儀は、大体一人の参加者につき、一万（四一九円）～二万トゥグルグ（八三六円）が封入され、一つのテーブルで大体一〇万トゥグルグ（四一九〇円）が手渡される[6]。日本のように、割り切れる＝離婚を想像させるという理由で二のついたお金を祝儀にしてはいけないというような決まりはない。そして、適当な紙にお金を包み、裏にご祝儀を提供した人の名前と金額を連名にして書く。大切なのは、いくらのお金を誰が提供したのかということである。そのため、包む用紙が筆者のフィールドノートを破った紙であったこともある。見た目よりも中身が大切なのだ。

各祝辞の間には、タマダや歌手の演奏を聴く時間と一部の参加者が舞台上に呼ばれて遊ぶ余興が複数回設けられている。一通り祝辞が終わると、三〇分ほどの休憩時間がある。一斉に人々が会場の外に出て、タバコを吸ったりトイレに行ったりする。休憩と同時間に大ホールでは、テンポの速い曲でダンスを踊る時間が設けられ、新郎・新婦と若い男女がテンポの速い音楽をＢＧＭに踊る[7]。タマダはこの曲の選曲にもかかわり、前半はテンポの速い曲を続け、後半は新郎・新婦の踊りをメインに据えた、ゆったりとしたワルツ曲を流すこともある。休憩が終わると、再びタマダによる演奏が始まる。その後、メインの肉料理（*besbarmaq*/K）が給仕係によって各テーブルに運ばれる。肉料理は、テーブル内の年長者の男性が付属のナイフで切り分け、各参加者に配られる。食事が終わると、親族の長老が参加者全員の前でバタ（*bata*/K）と呼ばれる祈りの文句を述べ、披露宴は終了する。

披露宴の進行の中で、参加者にタマダの演奏に注目させ続けることは難しい。参加者は常に隣席の人と話し、また自由に外に出る。タマダは参加者を演奏に惹きつけるため、披露宴のプログラムに加えて音楽の選曲や演奏方法を模索し始める。タマダが持つ参加者に対する関心が、次節以降で述べるタマダの世界の豊かさにつながっているのかもしれない。

四　披露宴の芸能活動

タマダは参加者をどのように惹きつけ、芸能活動を行っているのか。これを明らかにするために、宴に臨むタマダの具体的な考えや活動に注目していこう。本節では、彼らの芸能活動について、次の三点から明らかにする。一点目は彼らの美学ともいわれるアサバラックと人々の評価、二点目は披露宴の音楽演奏法の変化、三点目に彼らの戦略的な宴の演出についてである。

1　タマダの美学と人々からの評価

一節2項のタマダの参考書で述べたように、カザフ人タマダには、「アサバラック」という彼ら独自の美学がある。その参考書では、歴史や詩の語り、音楽演奏を含めた真の芸術という表現がされていた。しかし、実際のタマダに話を聞くと、アサバラックという単語が、様々な文脈の中で他者からの評価として言及されることがあるという。

例えば、アサバラックがあるということは、タマダにとって一回のトイの報酬額が上昇することを意味する。バヤンウルギー県のタマダの報酬は、当初は宴会場から一回のトイ（宴）ごとに定額が支払われていたケンシレック氏やダウレット氏によると、二〇〇〇年代、宴会場からの報酬は一～二万トゥグルグ[8]（約一一三七円）であったという。その後、二〇〇五年ごろからトイの主催者から直接タマダに報酬を渡すようになった。主催者たちは県内で有名なタマダを招聘しようとしたため、主催者からの報酬は徐々に高騰していき、一回のセレモニーあたり三〇万[9]（約一万二二七九円）から四〇万トゥグルグ（約一万六三七三円）にも至った。これは、音楽劇団に所属する劇団員の一カ月の給料とほぼ同額である。

このような他者からの評価について、タマダはもともと芸能に精通しており、芸能活動を行ってきた実績を強調する。先のタマダのプロフィールで記述したように、彼らは詩人や音楽演奏に何らかの形で関わってきた人たちである。アサバラックがない、または人々からの司会の能力が低いと評価されると、当然報酬額が減る。タマダはそうした悪評を生まないためにも、参加者の評価を強く意識をするのである。

一方でアサバラックを持つタマダへの評価は時限的でもある。なぜなら、この職業を一生の職業にする人はモンゴル国のカザフ人の中では少ないからである。タマダになる年齢制限はないものの、タマダの間では四〇歳になると引退するべき」という暗黙の了解があるようだ。タマダのダウレット氏（前掲の写真18）は、タマダに定年はあるのかという筆者の問いに対して、このように語った。

「そうだな。タマダは大体四〇歳で辞めるものなんだ。この県の誰が四〇歳を超えたおじさんのタマダを宴に呼ぶ？　大体のカザフ人はタマダが若い人であることを望んでいるんだ。若い人の方が新しいものを披露できるし、人々からの興味を引くことができるだろう？」［ダウレット　二〇一九年一一月］

彼の語りから推察できるのは、評価されなくなると人々から注目を浴びなくなるという点である。それはどのような職業にも言えることだが、芸能関連の仕事では特に重要である。タマダ引退後のことを見据え、多くのタマダは他の職業と兼業している。例えば、この語りのダウレット氏は公立学校（モンゴルでは小中高が一貫しているところが多い）の校長でもあるし、ケルタイ氏は、写真館のオーナーであるという風にである。

アサバラックとは、様々な芸能を組み合わせて披露宴の舞台で披露する芸術かも知れない。しかし、タマダに具体的に話を聞いていくと、タマダがいかにして参加者に評価してもらえるかにアサバラックが機能している。このように、宴を率いるタマダは、宴に対する評価を考えながら日々の宴に臨んでいるのである。

2　タマダの音楽演奏

（1）生の音／声とカラオケ音源

タマダの音楽演奏は、二〇〇〇年代から現在にかけて大きく変化してきた。その変化には、カザフ人がどのような音楽技術を導入して来たかが関わっている。「生の音／声」から「カラオケ音源」に演奏方法が変化したことが披露宴で歌うタマダの選曲にも影響を与えたということである。

カザフ語で「生の音／声(10)（*jandy dauys*/K）」とは、人が自身の声や伴奏で演奏していることを指す。日本でも「生《なま》音《おと》」というと電子音とは異なる、生で演奏されている音や声のことをいう。それと同じように、カザフ語では、演奏者自身の声や楽器の音を用いた演奏を「生の音／声」と呼ぶ。タマダのソルトハン氏（前掲の写真17）によると、「生の音／声」とは、ドンブラやギター、アコーディオンによる伴奏、カセットテープなどの録音物の放送、またエレクトーンによる演奏といった幅広い音楽演奏のことを指すようだ。

一方で、「生の音／声」の対義語は、「ミヌソーフカ（*minusovka*/R）」という言葉である。これは、コンピューターのソフトに音の情報を打ち込み、そのデータをコンピューター上で再現する音響メディアのことを指す。いわゆる、ボーカルの声が入っていない「カラオーケストラ」、カラオケ音源ということもできる。そこから転じて、「口パクの演奏」という意味にもなる。ミヌソーフカは、ロシア語の別の単語でファナグラマ（*fanagramma*/R）や、モンゴル語でビチレグ（*bichileg*/M）と呼ばれているが、ここでは分かりやすくカラオケ音源と呼んでおこう。

隣国カザフスタンではコンサートのプログラムで披露される「生の音／声」と「カラオケ音源」の演奏の比重

写真22　導入されたPCやミキサー

が物議を呼んでいる。なぜなら、人々が、コンサートでCD音源とまるで変わらない口パクで演奏するのはおかしい、それよりも「生の音／声」で直接声を届けるのが重要ではないのか、と主張し始めたのである。カザフスタン政府は、そうした声を考慮し、演奏者がカラオケ音源を使用する場合、チケット販売時に購入希望者に告知することを審議している[Sputnik Kazakhstan 2020]。

モンゴル国に話を戻すと、披露宴では、モンゴル国のカザフ人タマダが主導することで、ある時期に「生の音／声」から「カラオケ音源」へ一斉に切り替わった。披露宴では、もともとカセットテープを流したり、ドンブラを弾いたりといった「生の声／音」による音楽演奏が主流であった。ダウレット氏によると、カザフスタンの詩人アバイ・クナンバエフ[11]の曲をドンブラで演奏したり、カザフスタンの作曲家シャムシ・カルダヤコフ[12]の作った宴の定番曲をエレクトーンで演奏したりしていたという。

そこへ、当時のタマダたちは二〇〇五年頃に、「生の音／声」の演奏法をカラオケ音源の演奏に変えることを考えた。宴会場が大きくなり、マイクによる演奏だけではなく、根本的に音楽演奏の手法を変える必要性があると考えられていたからである。そして、大型のスピーカーやミキサーなどの機材の購入や取り入れの期間を経て、二〇〇六年からその運用が始まった（写真22）。当時のカラオケ音源は、現地のカラオケ音源製作者の制作したものを積極的に用いるようになったという。その結果、儀礼の音楽であるベトアシャルとジャルジャル以外の演目は基本的にはカラオケ音源で演奏されるようになったのである。

（2）カラオケ音源製作者とタマダ

二〇〇〇年代のタマダたちに町の宴で演奏した音楽の歴史を尋ねると、現地でカラオケ音源を制作する人物を通じて、二〇〇六年を境にカラオケ音源による演奏に移行したようだ。バヤンウルギー県でカラオケ音源を最初に制作したのは、エルボル氏という男性である（写真23）。彼は、首都ウランバートルにあるモンゴル国立芸術大学を卒業後、二〇〇一年にバヤンウルギー県に帰郷し、カラオケ音源の製作を始めた。帰郷するまではウランバートルでシンガポールの音響機器に関する仕事をしていたという。一九九〇年代のウランバートルではシンガポール製の音響機器を利用したディスコもあったことから［島村　二〇一一：八一］、そことの関連も窺える。

彼は、カラオケ音源の制作のために、ウルギー市内に自身のアヤナスタジオ（Ayana Studio）を二〇〇一年に開設した。そして、音楽劇団の女性歌手エセセール氏の演奏時に、彼の制作した音源を提供した。これが、バヤンウルギー県で初めてのカラオケ音源による歌唱であった。彼は、これをきっかけに音楽劇団のコンサートホールの音響担当として雇用され、音楽劇団で開催されるすべてのコンサートの音響を担当している。

写真23　エルボル氏（手前）とその弟子シャガア氏（提供：エルボル氏）

エルボル氏はまだ駆け出しであった二〇〇一年当時の制作過程を撮影したビデオを筆者に見せながら、カラオケ音源を制作したときのことを語った。

「僕は、二〇〇一年にウルギーにやってきたときに、このスタジオを開設してカラオケ音源［ミヌソーフカ］を作り始めた。その時は、まだカラオケ音源なんてものはウルギーにはなくて、実質僕がそれをウルギーに持ち込んだんだ。二〇〇一年に妻と結婚した時に父親からジャランユス〔UAZ-469 ロシア製のジープ〕をプレゼントでもらったんだけど、僕は車に乗らないから、ウランバートルでそれを売って、そのお金でミキサーとコンピューター、KORG社のエレクトーンを買い、劇場の近くの部屋を借りてスタジオを開いた。スタジオでは、電子オルガンとベースギターを組み合わせて、曲をコンピューターに打ち込みながら、カラオケ音源を作ったんだ」〔エルボル　二〇一八年五月一九日インタビュー〕

更に彼が見せてくれたビデオには、いくつかの興味深い場面が映っていた。一つは、カザフスタンのアーティストのカセットテープをラジカセに入れて、エルボル氏がその曲を聞きながら曲をコンピューターに打ち込んでいく姿であった。これは、一九九〇年代のカザフスタン社会になじめないカザフ人がバヤンウルギー県に帰国したときに持ち帰ったカセットであったとエルボル氏は言う。彼によると、県内で流通する国外のカザフ音楽のカセットやCDを耳コピし、様々なカラオケ音源を制作したようだ。

もう一つは、タマダのダレやサッチャンがKORG社のキーボードで音を鳴らしながら曲を打ち込み、Windows 98 のコンピューターで音のリズムを調整するエルボル氏の姿である。実はエルボル氏は、二〇〇三年以降に誕生したほとんどのタマダと親交があり、タマダたちは継続的にエルボル氏からのカラオケ音源の提供を受けてきたのであった。

二〇〇六年に宴会場にカラオケ音源が導入されるに伴い、舞台袖にタマダだけが入れる手狭なスペースが作られた。タマダの溜まり場のような小部屋にはカラオケ音源を流すためのミキサー〔音量調節機〕とノートパソコンがある。ノートパソコン内にセレモニーで必要な音源ファイルが並べられ、ミキサーは大型のスピーカーにつながっている。この舞台袖の小部屋にタマダたちは集い、いざ出番が来ると舞台袖からカラオケ音源を再生し、その伴奏に従い曲を演奏するのである。

この小部屋は演奏の準備だけではなく、タマダたちのコミュニケーションの場でもある。彼らは、ウランバートルの電気店での音響機器の仕入れ状況や、カラオケ音源の質をどれくらい高めることができるかといった情報交換を行う。また、ひとりのタマダが舞台で歌を歌っている最中に、別のタマダたちがこの小部屋でタマダとドンブラを演奏する。披露宴の最中にもかかわらず、新曲の詞ができたと他のタマダにお披露目をすることもあった（写真24）。

カラオケ音源を導入した後の披露宴は、正にディナーショーのようである。町の宴は、タマダを中心とする音楽演奏の舞台となり、参加者は舞台での演奏や余興を見る形式へと変わっていったからだ。しかし、大きく変化する宴会の内容において、彼らは登場した時から変わらない一つの考えの下で宴を行ってきた。その考えとは、目新しさで特別感を演出するということである。

写真24　舞台袖の小部屋のタマダのドンブラ演奏

3　特別感の演出

タマダたちによると、披露宴で重要なのは、この式が人々にとっていかに特別なのか、その特別感を宴の中で演出することであるという。タマダは、参加者を盛り上げるという最終目標の下、様々な言葉や演奏技術、選曲で特別感を演出している。例えば、タマダが自身の音楽や参加者の属性を説明するとき、「最近制作した曲を演奏します」や「現代的な（最新の、流行している）ファッションで身を包んだ新郎のお母さん」のように、内容の目新しさに注目した発言をする。目新しさはタマダにとって、宴の特別感を示す一つの武器なのだ。

参加者の属性で特別感を演出する方法に、外国人が参加していることをアピールすることもある。筆者が調査していた二〇一八年六月の披露宴で、タマダは日本人がいることを理由に、開会の言葉で、「今回の宴は、カザフ人だけの参加する宴ではなく、国際的な（人が参加する）宴となりました！」と高らかに宣言したこともあった。タマダが参加者に対して、自分たちが特別な場所に集まったことを言葉でアピールしている。

近年では、カザフスタンで行われる宴の内容をバヤンウルギー県の宴で取り入れることも行われている。現在のカザフスタンの披露宴では、華美な披露宴の演出が普及している。例えば、新郎・新婦は披露宴入場時に民族衣装を着ているが、新婦が前後左右に侍る民族衣装を着た女性四人にスカートの端を持たせて入場するというような演出がある。そのほかにも、休憩時のダンス中に、室内用の花火を中央で焚いたり、シャボン玉を機械で自動的に飛ばしたりすることで、新郎・新婦のいる舞台の雰囲気を盛り上げる。派手な内容が、徐々にモンゴル国のカザフ人の中でも浸透しており、タマダたちも当然このような宴の情報をキャッチし、取り入れている。聞き取りの中で、アイドス氏は、バヤンウルギー県の宴が、カザフスタンの宴の内容を参考にしながら行われており、盛り上げるために種々のエンターテイメントを提供しなければならないことを語った。また、ソルトハン氏も、現在の披露宴の形式がカザフスタンの形式を真似たものである。それはカザフスタンでの形式を参加者らが望んでいることだと話している。

タマダの技芸の中で中心的な位置を占める音楽の演出においても、目新しさが重視されている。初期のタマダであるケンシレック氏やダレ（ダウレット氏）によると、「生の音／声」が主流であった二〇〇〇年代初期は、いかに新しい技術を披露宴で披露することかが大切だったかを語っている。宴の参加者が目新しいと感じる演奏技術と曲を取り入れていくことで、人々の関心を惹きつけてきたのである。そのため、二〇〇〇年代の「生の音／

声」は、ドンブラだけではなく電子ピアノといった、当時新しくバヤンウルギー県に流入してきた新しい演奏方法が用いられたのだ。

こうした披露宴における音楽技術の導入は、音楽劇団の演奏技術の普及において、その空白地帯を狙うタマダの戦略的な活動の一つであったと考えられる。社会主義期の音楽劇団は、ソ連から移転された技術や知識をコンサートの開催を通じて披露し、トップダウン的に人々に広める役割を持っていた。しかし、社会主義体制が崩壊した後、音楽劇団の活動も限定的になった。それに加え、大量のカセットテープやエレクトーンが国外から県内に流入してきた。その中で、披露宴が新しい音楽技術や曲を人々に披露する場となり、タマダは彼らなりの音楽演奏の指針として技術や曲の普及を促す場として機能したと考えられる。

一方で、二〇〇六年以降に披露宴でカラオケ音源を用いた演奏が主流になると、演奏技術の目新しさではなく、演奏曲の目新しさや流行が重要となった。各宴会場がカラオケ音源用の機材を揃えたことで、演奏技術による差をつけられなくなったからである。そこで、当時のタマダたちは流行っている曲やこれから流行すると考えられる曲の情報をいち早く収集し披露宴で演奏し始めたのである。

カラオケ音源が導入される二〇〇六年前後には、カザフスタンのテレビ番組がバヤンウルギー県で見られるようになっており、人々はカザフスタンで流行《はや》る曲をいち早く知る下地が出来ていた。そうした一般の人々に負けじと、タマダたちは新しい音楽情報を仕入れ、そのカラオケ音源をスタジオで制作する。そして新しい曲を人々の前で披露する。ケルタイ氏は、カザフスタンのポピュラー音楽や有名なカザフ民謡をセレモニーで用いるために、それらのカラオケ音源を、カザフスタンのカラオケ音源製作者に依頼することもあるそうだ。カザフスタンの方が新しい曲が多数発表され、カラオケ音源もすぐに制作されるからである。一方で、バヤンウルギー県内のみで流行する曲に関しては、自身でエレクトーンを用いてカラオケ音源を制作しているのだという。

こうした音楽演奏では、タマダが調べられる範囲でその時々の流行歌であるかという基準があると考えられる。そのため、皆が視聴するカザフスタンのテレビ番組や、音楽産業の規模の大きさという観点で、カザフスタンの音楽が披露宴で選ばれる可能性が高く、逆にバヤンウルギー県の音楽が選ばれることは少なくなる。一方で、現地で歌手としても活動するサッチャン（サトジャン氏）とケルタイ氏は、音楽産業の大小にかかわらず、カザフスタンの曲を使ったり彼ら自身の曲を歌ったりするときもある。

この節では、披露宴におけるカザフ人タマダの芸能活動について、彼らの美学「アサバラック」と人々の評価、音楽演奏の変化、そして宴の特別感の演出から明らかにした。彼らは披露宴における様々な演奏にかかわってきた。現代のタマダは、モンゴル国のカザフ人の経験してきた音楽の好みを考えながらカザフスタンの曲を演奏したり、また一方で自分たちの自作したカザフ音楽を演奏したりする。そして、技術の目新しさや流行の曲の演奏を通じて発信し、短い芸能活動の中で人々の評価を得るインフルエンサーのような役割を担い、二〇〇〇年代には、バヤンウルギー県で開催される宴を、プログラムの内容と音楽演奏の面から大きく改革した。これらは、筆者の初めて見た披露宴の驚きと疑問——なぜカザフスタンのポピュラー音楽が演奏されるのか、そして誰がそれをリードしているのか——の答えでもあった。

◆コラム２――タマダの余興

多くの参加者が楽しめる余興にタマダは力を入れる。余興でのタマダの姿は、テレビのバラエティー番組に出てくるお笑い芸人のようでもある。余興では参加者が舞台に呼ばれ、舞台上でタマダのお題に答える形式で行われる。タマダは、広い宴会場を見渡し、一〇名ほど指名する。舞台に上がった人々に対する無茶ぶりのようなお題の回答に対してツッコミを入れ、参加者を笑わせる。

筆者もこの余興に参加したことがあった。タマダ・サッチャンと目が合ったことで、舞台に呼ばれることとなったのだ。一回戦では、「各国の民族舞踊を誰が上手に踊れるか」というお題が出された。舞台袖ではそれぞれにアフリカのレゲエラッパーの衣装や、カザフの民族衣装、ロシアの民族衣装、中国の人民服などが手渡された。筆者は中国の伝統衣装であった（日本の衣装はなかった）。着替え終わると全員が舞台に上がり、余興が始まる。

舞台の周りには老若男女を問わず大勢押し寄せている。

「準備できましたね。みなさま、舞台にご注目ください、音楽スタート！」

サッチャンが叫ぶと同時に、各国の民謡らしき音楽が流れ始める。順番にレゲエを踊り、カザフの伝統舞踊を踊り、ロシアの舞踊や、ブラジルのサンバを踊った。筆者も中国風だと思う踊りを踊った。

採点は、参加者とタマダたちの拍手の量で決まる。カザフの踊りの人物は選外となった。カザフ人がカザフの踊りを踊れるのは当然だという理由である。筆者の中国風の舞踊は人々に少しは受けたのか、二回戦に進出することができた。筆者の他に三人の男性が通過していた。

二回戦のお題は、カザフ語に四二文字あるキリル文字アルファベットから一文字を選び、その文字が頭文字となる単語をどれだけ答えられるかというものであった。筆者は、文字選択で、とっさに思いついた「喉の奥から息を吐きだしながら発音するKの音」を選んだ。するとサッチャンは、「お前……日本人はその文字を全く発音できないのに、なんでそんな難しい文字選ぶんや！　MとかAとかにしときなさい！」と的確に筆者をいじり、会場が笑いに包まれた。こうして始まったカザフ語ネイティブVS学習者の余興は、自分の発音の練習不足もあり、当然ながらネイティブの圧勝であった。最後は単語を言うこともできず、高級チョコレートの景品をもらっての敗退となった。

この余興に参加したことで、タマダの多彩な芸能の側面を垣間見た。音楽演奏の時や真面目な祝辞の時とは異なり、余興では面白いツッコミで会場を笑いに誘うことに主眼が置かれていたように思える。サッチャンの余興での態度は、詩や歌だけではなく、人々を笑わせることもふくまれていた。これは、アサバラックが多彩な芸能を合わせた芸術の一側面を表しているようだった。

おわりに

1　カザフ人タマダが舞台に上がるとき

タマダの音楽活動は、音楽劇団の活動と並んで、モンゴル国のカザフ人の持つ芸能に対する考えを明らかにする一つの視点となる。音楽劇団は、社会主義期から現地の文化政策や国際関係を反映した音楽技術を受容し演奏してきた。その一方でタマダは、一九九〇年代以降のメディアやインターネットが普及した人々の中から誕生し、披露宴で演奏してきた。そのため、タマダは、何のコンテンツが人々に受け、何が人々の関心を得られるかという点に大変敏感で、その時期の社会的風潮やトレンドといった、非常に流動的な最適解を常に探りながら人々の心をつかみ続けることに長けている。また、タマダが対面するコミュニティの人々が歴史的に何を経験し、どのような文化的な価値観を有しているかという、コミュニティ内の考え方や好みも、彼らの演奏活動に反映される。つまり、彼らは披露宴の司会という立場から人々の伝統的な価値観や嗜好を理解したうえで、宴の内容を常に更新していく役割を持っている。こうしたタマダの生み出す、伝統と目新しさの両方を兼ね備えた芸能が、人々の強い関心を集めてきたのである。

2　タマダ――中央ユーラシアの宴の「主役」

タマダという職業の分布は、中央ユーラシアの広範囲に認められる。当然、活動の内容は国の違いに加え、都市か地方か、また地域ごとにどのような専門性を発達させてきたかによって様々である。各地のタマダが一様ではない歴史的背景には、社会主義期の宴を取り巻く社会環境の変化の影響もある。ソ連の統治下にあった時期、政策と現地の伝統的な要素が結びついたことで、中央ユーラシア各地で「細かな違いはあるが、全体として何か共通している」結婚儀礼が誕生した。一九九一年にソ連体制が崩壊すると、中央ユーラシアの大部分も市場経済に組み込まれ、各地の結婚儀礼はウェディング・ビジネスに取り込まれた。こうした変化の中で、職業としてのタマダが誕生し、彼らは主体的にウェディング・ビジネスに関与しながら、芸能活動を続けている。

そんなタマダの活動も、二〇二〇年一月頃から新型コロナウイルスの世界的な感染拡大によって大きなあおりを受けている。感染拡大を危惧した各国政府は、都市のロックダウンを含めた強権的な政令によって、大規模な披露宴の開催を禁止している。新型コロナウイルスの感染状況は、新しいウイルスの型が次々と出現する中で、なかなか収束の気配を見せない（二〇二二年三月時点）。中央アジア各国でも、感染拡大を食い止めるという目的の前で容易に宴が規制されるようになった。こうした状況は、一般に世代交代が早く短期間に稼ぎをあげるタマダにとっては収入や司会、演奏技術の継承の点で大きな痛手となっている。

筆者の聞くところによると、モンゴル国のカザフ人タマダたちはその間に新曲を作るといった別の音楽活動を維持しながら、次の披露宴の機会をうかがっているそうだ。新型コロナウイルスの状況が収束し、披露宴を開く機運が高まれば、中央ユーラシアのタマダたちは披露宴の舞台で再びマイクを取るだろう。披露宴開会の宣言と共に、宴の主役として、新郎・新婦の新たな門出を祝うのである。

注

（1）　中央ユーラシアとは、西からクリミア半島、ヴォルガ・ウラル地方、カフカース（コーカサス）、中央アジア、中国・新疆ウイグル自治区、西シベリアなどの諸地域を含む地域概念である［小松　二〇〇五：三四六―三四七］。この地域は、中国新疆ウイグル自治区を除き、一九世紀後半にロシア帝国の支配下に入り、一九一七年以降はソ連の統治下にあった。一九九〇年代以降、各地の共和国の中には、ソ連邦の崩壊とともに新しい国家として独立したところもある。このように、ロシア帝国とソ連への統合を歴史的に経験した地域として共通点を持っている。

（2）タマダに関する調査は、二〇一八年四月から八月、そして二〇一九年二月、三月、一一月にモンゴル国のバヤンウルギー県でタマダに対する複数回のインタビューと披露宴の参加によってデータを収集した。

（3）タマダに関する詳細な参考文献は、［Yagi 2020: 540-541］を参照。

（4）社会主義期のソ連の結婚儀礼で活躍した司会者に関しては、現地の語りを収集した伊賀上［二〇一三：三〇八―三〇九］の報告がある。彼女によると、司会者は社会主義期以前に司会的役割を務めた「ドルージカ」というポジションが消滅し、一九六〇年代から結婚式と披露宴で「立会人（*svidetel'*R）」という司会者役が担うようになったという。当時、タマダは登場していたものの、立会人に比べて補助的な役割を担うに過ぎず、一連の儀礼の開催は立会人が行っていた。

（5）ソ連の衛星国であったモンゴル人民共和国では、ソ連の儀礼政策をなぞるように、新儀礼と伝統の融合した結婚儀礼が考案され、主に都市部で開催されてきた。モンゴル国の民族学者ニャンボーの出版した書籍『今日のモンゴルの習慣』によると、一九七〇年に都市部で「現代風」の結婚式が試験的に開催された。更に、一九七四年には、「社会主義の新形式の（儀礼の）手順を洗練させ、生活に浸透させることに関する」決定によって、政府主導で伝統要素を用いながら儀礼の内容の改革と普及が進められた［Nyambuu 1976: 13-20］。一九七六年当時の、モンゴル国首都ウランバートルで行われていた結婚儀礼の式次第は以下の通りである［Nyambuu 1976: 115-116］。はじめに、結婚儀礼宮殿で婚姻届とそれに付随する儀礼を行う。その後披露宴を行う会場に移る。人々が着席した後に、新郎・新婦がお茶を飲み、参加者もこれに続く。また、新郎・新婦両方の親族が、順番に祝辞を読みながら、ウォッカや馬乳酒の乾杯の音頭を取る。そして、メインディッシュとなる肉料理が運ばれ、新郎・新婦から料理を食べ、参加者も続いて料理を食べる。その後休憩時間となる。休憩時間後は、新郎側と新婦側に分かれて、馬乳酒やお酒を飲みながら歌を歌うゲームのようなイベントが複数回行われる。最後に、祝詞を述べ、披露宴が終了となる。

（6）「モンゴル銀行の年代別レート計算サイト」（URL：https://www.mongolbank.mn/eng/dblistofficialdailyrate.aspx）を参考に、二〇二一年三月一日時点のモンゴル銀行の為替レート（一円＝二十四・九五トゥグルグ）を用いて計算した。

（7）ダンスの時間にタマダが選曲する有名な曲を紹介すると、アクィルベック・ジェメネイ／クズル・ウリック（赤いアンズ）（QR―5）、アスハト・タルグン／マリヤ（QR―6）、アバイ・ブゲイ／アスパンガ・カライムィン（空を見上げる）（QR―7）がある。興味のある読者は、"toi ander Kazakh（トイ 曲 カザフ）"と検索すると、大体の宴で流れる曲のメドレーを聴くことができる。

QR-5

QR-6

QR-7

（8）註6で提示したサイトを用い、二〇〇一年八月当時のモンゴル銀行の為替レート（一ドル＝一〇九八トゥグルグ）を取得した。その上で、二〇〇一年八月時点の日本円とドルの為替一覧表（一ドル＝一二五・〇円）を参考に日本円の価格を算出した。

（9）注6で提示したサイトを用い、二〇一九年八月当時のモンゴル銀行のレート（一円＝二四・四三トゥグルグ）で算出した。

（10）カザフ語で音を表す単語は、主にダブス（*dabys*/K）とダウオス（*dauys*/K）という単語に分けられる。筆者の聞き取りによると、ダブスは、音全体の総称であるが、音の発信源が具体的に認識できない音や、モノの表面を叩いたときになる音に用いる。例えば、騒音やざわめき、机や太鼓をたたいた時になる音である。一方で、ダウオスは、ダブスよりも具体的な音を認識できる場合や、発信源の内部から出る音のことを言う。例えば、人や動物の声や、楽器の音、車のエンジン音などである。

（11）アバイ・クナンバエフ（Abai Qūnanbaev：一八四五年～一九〇四年）は一九世紀のカザフ草原で活躍した詩人である［QRBĞM 2010: 5-7］。彼の作詞作曲した曲は現代でもカザフ人に親しみがある。宴では、「君は私の瞳（*Közıŋnıŋ Qarasy*/K）」、「風無き夜の明るい月（*Jelsız tünde jaryq ai*/K）」が演奏される。歌詞の訳は、［アバイ　二〇二〇：一一〇、一九七］を参照。Youtube上では、“Abai kunanbaev music（アバイ クナンバエフ 音楽）”と検索すると、彼の作曲した曲にアクセスできる。

（12）シャムシ・カルダヤコフ（Shamsh Qaldayaqov：一九三〇年～一九九二年）は、社会主義期カザフ共和国のエストラードの作曲家である［QRBĞM 2010: 370］。エストラードとは、社会主義を経た地域で発達したポピュラー音楽の一種である。彼は、ワルツ風の曲を多数作曲し、「ワルツの王様」と呼ばれている。カザフ人の宴で彼の曲は欠かせず、「母の歌（Ana turaly jyr/K）」、「幸せを抱きしめたとき（*Baqyt Qūshağanda*/K）」といった曲が演奏される。Youtube上では、“shamshi kaldayakov ander（シャムシ カルダヤコフ 曲）”と検索すると、彼の作曲した曲にアクセスできる。

参考文献

〈日本語文献〉

アバイ・クナンバエフ
　二〇二〇『アバイ（イブラギム クナンバエフ）詩集 叙事詩 訓戒の書』東京：花伝社。
伊賀上菜穂
　二〇一三『ロシアの結婚儀礼——家族・共同体・国家』東京：彩流社。
上村　明
　二〇〇一「モンゴル国西部の英雄叙事詩の語りと芸能政策——語りの声とことばのない歌」『口承文藝研究』二四号、

一〇二頁―一一七頁。

小松久男
二〇〇五「中央ユーラシア」『中央ユーラシアを知る事典』小松久男、梅村担、宇山智彦、帯谷知可、堀川徹（編）、三六四頁―三四七頁、東京：平凡社。

坂井弘紀
二〇一〇「第三七章 祝祭——伝統と政治的演出」『中央アジアを知るための60章〔第2版〕』宇山智彦（編）、一九一頁―一九五頁、東京：明石書店。

島村一平
二〇二一『ヒップホップ・モンゴリア——韻がつむぐ人類学』東京：青土社。

スルタン・タウケイン、ゾルカフィリ・マウレット
二〇一三「モンゴル国のカザフ人の歴史」（島村一平・八木風輝訳）『滋賀県立大学人間文化学部研究報告 人間文化』三四号、八三頁―九五頁。

東田範子
一九九九「フォークロアからソビエト民族音楽へ——「カザフ民族音楽」の成立（1928–1942）」『スラブ研究』四六号、一頁―三二頁。

廣澤美花
二〇一九「ブライダル司会者の現状と課題——その誕生と普及を日本の結婚式・披露宴の変遷からたどる」『甲南女子大学大学院論集』一七号、一頁―八頁。

廣田千恵子
二〇二一「モンゴル国カザフ人の婚姻儀礼とその変化」『北海道民族学』一七号、六九頁―八四頁。

八木風輝
二〇一八「音楽学校として機能する劇場——改良楽器とモンゴル国カザフ民俗楽器オーケストラの事例から」『総合研究大学院大学文化科学研究科紀要 文化科学』一四号、一〇九頁―一二六頁。

渡邊日日
二〇一〇『社会の探求としての民族誌——ポスト・ソヴィエト社会主義期南シベリア、セレンガ・ブリアート人に於ける集団範疇と民俗的知識の記述と解析、準拠概念に向けての試論』東京：三元社。

〈英語文献〉

Atwood, Christopher P.

2004 *Encyclopedia of Mongolia and the Mongol Empire*. New York: Facts On File.

Humphrey, Caroline

2015 Difference, Separation and Detachment: Lévi-Strauss at the Wedding Feast. In *Detachment: Essays on the Limits of Relational Thinking*, Yarrow, Thomas, Matei Candea, Catherine Trundle and Jo Cook（eds.）, Manchester: Manchester University Press, 151–167.

Marsh, Peter K.

2009 *The Horse-head Fiddle and the Cosmopolitan Reimagination of Tradition in Mongolia*. New York: Routledge.

Yagi, Fuki

2019 Systematization of Kazakh Music in Mongolia: Activities of Theater and Radio Station During the Soviet Era. *Asian Ethnicity* 21（3）: 413–424.

2020 Transformation of Musical Performances at Wedding Ceremonies in the Post-Socialist Period: the Kazakh Tamada in Bayan-Ölgii Province, Mongolia. *Central Asian Survey* 39（4）: 540-555.

〈カザフ語、モンゴル語文献〉

Älımbaev, Muzafar

1993 Toi: Täribie Mektebı（トイ：しつけの学び舎）. In *Toi*（宴）, Khabidina, Barjan（ed.）. Almaty: Uner Publishing, 5-11.

BÖASKh（Bayan-Ölgii Aimgiin Statistikiin Kheltes（バヤンウルギー県統計局））.

2021 *2019 ony Bayan-Ölgii Aimgiin Statistikiin Emkhetgel*（二〇二〇年バヤンウルギー県統計集）. Ölgii: Bayan-Ölgii Aimgiin Statistikiin Kheltes.

Ganbat, N and Bi Aunani（eds.）

2014 *Mongol-Khyatad khoyor ulsyn tüükhen khariltsaany on daralsan lavlakh*（モンゴル国・中国二国間の歴史関係年表）. Ulaanbaatar: Arvai Barkhan.

Nyambuu, Khandyn

1976 *Önöögiin Mongol yos*（今日のモンゴルの習慣）. Ulaanbaatar: 不明.

Qinayatūly, Zardykhan

2001 *Monğoliyadağy Qazaqtar*（モンゴル国のカザフ人）. Almaty: Kitap Publishing.

QRBĞM（Qazaqstan Respublikasy Bılım jäne Ğalym Ministrlıgı（カザフスタン共和国教育科学省））

2010 *Qazaq Mädenietı Entsiklopediyalyq Anyqtamalyq*（カザフ文化辞典）. Almaty: Aruna Press.

Qūsaiynūly, Töleukhan and Ysqaq Taukeiynūly

1981 *Bayan-Ölgii Muzyka Mädenietı*（バヤンウルギー県の音楽文化）. Ölgii: Aimaqtyq Mädeniet Bulımı

Taukeiūly, Sultan, and Zulfikali Mälimetūly eds

2010 *Bayan-Ölgii Aimgiin Nevterkhii Toli*（バヤンウルギー県地誌）. Ulaanbaatar: Soyombo Press.

Toqashbaev, Marat

1993 Asaba bola Qalsaŋyz?（アサバになりたいならば？）. In *Toi*（宴）, Khabidina, Barjan（ed.）. Almaty: Uner Publishing, 608-624.

〈ホームページ〉

2021 Фонограмма Шектеледі - Заң Президентке Жіберілді（パナグラマが制限される：法案が大統領に送られた）Sputnik Kazakhstan（https://sputnik.kz/20201022/Fonogramma-senat-zan-15265789.html 二〇二三年二月二四日最終閲覧）

〈映像データなど〉

QR—1 Марат Ильясов – «Қазақы дастарханым». Орындайтын: Әділ мен Дана［アディル & ダナ／マラット・イリヤソフ作曲「我がカザフ・ダスタルハーン」］ https://www.youtube.com/watch?v=7ZmfElA37VE&list=WL&index=10

QR—2 Bayan-Ulgii Mekenim NuR tobi /official music video/［ヌル（光）／「我がバヤンウルギーの地（オフィシャルビデオ）」］ https://www.facebook.com/100003253754694/videos/487214692920446/

QR—3 Домбрын эгшиг Баримтат кино［ドンブラの調べ：ドキュメンタリー映画］ https://www.youtube.com/watch?v=oHX6bnHOYpw&list=WL&index=21

QR—4 «MEN QAZAQPYN». Хадыхан Манай - Иса Байзаков «Желдірме»［私はカザフ人・伝統音楽コンクール：カドカン・マナイ／イサ・ボイザク作曲「ジェルディルメ（カザフ音楽の演奏の一ジャンル）」］ https://www.youtube.com/watch?v=CrMf17PDsSo

QR―5 АКЫЛБЕК ЖЕМЕНЕЙ-КЫЗЫЛ ОРИК「アクィルベック・ジェメネイ／「クズル・ウレック（赤いアンズ）」」
https://www.youtube.com/watch?v=mvQNxO5fNXU

QR―6 Асхат Тарғын - Мария (Чип-чип-чип)［アスハト・タルグン／「マリヤ（チップ・チップ・チップ）」］ https://www.youtube.com/watch?v=QwudRx7wQMk

QR―7 Абай Бегей - Аспанға қараймын［アバイ・ブゲイ／「アスパンガ・カライムィン（空を見上げる）」］ https://www.youtube.com/watch?v=N0Sn3chR-0Q

QR-1

QR-2

QR-3

QR-4

QR-5

QR-6

QR-7

付録　タマダの参考書『トイ（宴）』の目次一覧

項目	執筆者	頁
宴——しつけの学び舎	M. アリムバエフ	5
子の出生祝いの宴		
シナリオの型	R. アルトゥンベコヴァ	14
ねんねんころりよ、私の赤ちゃん		24
聡明な思考から出てきた言葉		33
歌の祝福（シャシュ〔歌の歌詞〕）		38
割礼の宴		
シナリオの型	S. メデウベコフ	48
歌の祝福（シャシュ）		73
言葉を話し始める時の宴		
シナリオの型	A. ベルマハノヴァ	80
歌の祝福（シャシュ）		87
詩		92
早口言葉		105
なぞなぞ		107
ことわざ・格言		110
昔話・説話		112
兵役に向かうときの宴		
シナリオの型	E. モラトフ	126
聡明な思考から出てきた言葉		137
歌の祝福（シャシュ）		141
誕生日の宴		
シナリオの型	E. モラトフ	160
聡明な思考から出てきた言葉		168
歌の祝福（シャシュ）		175
結婚式の宴		
シナリオ		
第1の型	Sh. アルダシェフ／U. ジャイラウオフ	206
第2の型	U. アブディマノフ／M. マルバコフ	214
第3の型	S. オサホフ／B. カケノフ	226
宴の詩		236
聡明な思考から出てきた言葉		281
歌の祝福（シャシュ）		286
銀婚式の宴〔結婚25周年記念の宴〕		
シナリオの型	D. クシュモフ	316
テルメ〔教訓を伝える言葉・詩〕		226
聡明な思考から出てきた言葉		333
歌の祝福（シャシュ）		337
金婚式の宴〔結婚50周年記念の宴〕		
シナリオの型	D. クシュモフ	366
テルメ〔教訓を伝える言葉・詩〕		380

あとがき

本書は、多くの方からのご協力とアドバイスによって執筆することが出来ました。

調査地・モンゴル国バヤンウルギー県では、インタビュー受けてくださったタマダの方々である、ケンシレックさん、ティレウベックさん、サトジャンさん、ソルトハンさん、ダウレットさん、ケルタイさん、アイドスさん、そして、カラオケ音源製作者のエルボルさん、バヤンウルギー県音楽ドラマ劇団の演奏者の方々、バヤンウルギー県ラジオ局の職員の方々、ホームステイ先の劇団員で私の親友であるエセンさんとそのご家族、演奏者のクグルシンさんとそのご家族に深くお礼申し上げます。

モンゴル国のフィールド調査を行うにあたり、モンゴル国科学アカデミー歴史民族学研究所のS. チョローン先生、N. ヒシグト先生、G. ビャンバラグチャーさんらに大変お世話になりました。

日本での研究活動では、多くの研究仲間と先生方、特に、国立民族学博物館の島村一平先生、寺田吉孝先生、福岡正太先生、藤本透子先生、和光大学の坂井弘紀先生からは、この本の基礎となる論文にたくさんの有意義なコメントを頂きました。

そして、松下幸之助志財団国際スカラシップフォーラム委員会、ブックレット委員会、風響社の皆様からは本稿執筆の機会と貴重なコメントを頂きました。

心からお礼申し上げます。本当にありがとうございました。

著者紹介

八木風輝（やぎ　ふうき）

1991 年、京都府生まれ。
総合研究大学院大学 文化科学研究科 比較文化学専攻 博士後期課程修了。
博士（文学）。
主な論文に、“Transformation of Musical Performances at Wedding Ceremonies in the Post-Socialist period: the Kazakh Tamada in Bayan-Ölgii Province, Mongolia”（Central Asian Survey 3（4））、“Systematization of Kazakh Music in Mongolia: Activities of Theater and Radio Station during the Soviet Era”（Asian Ethnicity 21（3））など。

タマダ　中央ユーラシアの宴を司る芸能者

2022 年 10 月 15 日　印刷
2022 年 10 月 25 日　発行

著　者　八 木 風 輝

発行者　石 井　　雅
発行所　株式会社　風響社

東京都北区田端 4-14-9（〒 114-0014）
Tel 03（3828）9249　振替 00110-0-553554
印刷　モリモト印刷

ISBN978-4-89489-811-0　C0039